essentials

essentials liefern aktuelles Wissen in konzentrierter Form. Die Essenz dessen, worauf es als „State-of-the-Art" in der gegenwärtigen Fachdiskussion oder in der Praxis ankommt. *essentials* informieren schnell, unkompliziert und verständlich

- als Einführung in ein aktuelles Thema aus Ihrem Fachgebiet
- als Einstieg in ein für Sie noch unbekanntes Themenfeld
- als Einblick, um zum Thema mitreden zu können

Die Bücher in elektronischer und gedruckter Form bringen das Expertenwissen von Springer-Fachautoren kompakt zur Darstellung. Sie sind besonders für die Nutzung als eBook auf Tablet-PCs, eBook-Readern und Smartphones geeignet. *essentials:* Wissensbausteine aus den Wirtschafts-, Sozial- und Geisteswissenschaften, aus Technik und Naturwissenschaften sowie aus Medizin, Psychologie und Gesundheitsberufen. Von renommierten Autoren aller Springer-Verlagsmarken.

Weitere Bände in der Reihe http://www.springer.com/series/13088

Klaus Spremann

Öffentliche Finanzwirtschaft

Vom staatlichen Leistungsangebot
zu Beiträgen, Transfers und
Staatsverschuldung

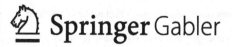

Klaus Spremann
Schweizerisches Institut für Banken und
Finanzen, Universität St. Gallen
St. Gallen, Schweiz

ISSN 2197-6708   ISSN 2197-6716   (electronic)
essentials
ISBN 978-3-658-23860-5   ISBN 978-3-658-23861-2   (eBook)
https://doi.org/10.1007/978-3-658-23861-2

Die Deutsche Nationalbibliothek verzeichnet diese Publikation in der Deutschen Nationalbiblio-
grafie; detaillierte bibliografische Daten sind im Internet über http://dnb.d-nb.de abrufbar.

Springer Gabler
© Springer Fachmedien Wiesbaden GmbH, ein Teil von Springer Nature 2019

Springer Gabler ist ein Imprint der eingetragenen Gesellschaft Springer Fachmedien Wiesbaden
GmbH und ist ein Teil von Springer Nature
Die Anschrift der Gesellschaft ist: Abraham-Lincoln-Str. 46, 65189 Wiesbaden, Germany

Was Sie in diesem *essential* finden können

- Darstellung der *Public Finance* in knapper Form
- Das Wichtigste zum Leistungsangebot des Staates, zu Sozialleistungen und Transfers, sowie zur Geld- und Fiskalpolitik
- Wie der Staat in diesen drei Bereichen – Allokation, Distribution, Stabilisierung – versucht, den historischen Pflichtenkatalog auszudünnen
- Plus und Minus in der Diskussion um Austerität gegenüber schuldenfinanzierter Staatsausgaben

Inhaltsverzeichnis

Über den Autor

Klaus Spremann ist Professor emeritus der Universität St. Gallen. Seine akademische Ausbildung erhielt er an der Technischen Universität München (TUM) und am Karlsruher Institut für Technologie (KIT). Er arbeitete und lehrte in Ulm (für Wirtschaftswissenschaften im Studiengang Wirtschaftsmathematik), danach in St. Gallen sowie an der University of Hong Kong. Gründungsdirektor des SGI in Singapur.

Einleitung 1

Die Quelle kümmert sich nicht um die Launen des Flusses
Nisargadatta Maharaj (1897–1981)

Die *Öffentliche Finanzwirtschaft (Finanzwissenschaft, Public Finance, Gemein-wirtschaft)* ist ein Teilgebiet der Wirtschaftswissenschaften. Gegenstand ist die wirtschaftliche und finanzielle Tätigkeit des Staates, die Bereitstellung öffentlicher Güter, die Geld- und Fiskalpolitik. Das Gebiet stellt Grundsätze für Sozialleistungen und Transfers auf, für die Besteuerung und die Staatsverschuldung. Dazu gehören: Die Lehre von der Aufstellung des Budgets (Haushaltspläne unter Einschluss des Finanzplanes und des Investitionsprogrammes) sowie die Lehre von ihren Trägern, den juristischen Personen des öffentlichen Rechts. Auch die ökonomischen Ansätze der Bevölkerungsströme *(Migration Economics),* die Umweltökonomie und die Theorie kollektiver Entscheidungen sind eingeschlossen.

In den genannten Themenkreisen stellen sich neben zahlreichen Fragen einige grundsätzliche Probleme. Deren wissenschaftliche Behandlung führt auf Erkenntnisse und Einsichten in die Wirkungszusammenhänge zwischen staatlichen Maßnahmen und sozialer Wohlfahrt. Indessen bietet die Öffentliche Finanzwirtschaft keine Handlungsanweisungen, durch die alle Staaten am Ende gleich aussehen würden. Die öffentlichen Institutionen (Einrichtungen, Gesetze, Politik) hängen entscheidend von den Menschen ab, die wiederum durch Geschichte und Kultur geprägt sind. Von daher sind Steuern, Sozialleistungen, öffentliche Güter, die Geld- und Fiskalpolitik in den Ländern dieser Welt höchst *unterschiedlich* gestaltet worden. Deshalb wird die Öffentliche Finanzwirtschaft von einer Lehre begleitet, in der die landesüblichen Einrichtungen und Vorgehensweisen dargestellt werden. Die Lehren sind stark auf das jeweilige Land bezogen. Aus der einheitlichen Quelle grundsätzlicher Erkenntnisse der Public Finance entsteht

© Springer Fachmedien Wiesbaden GmbH, ein Teil von Springer Nature 2019
K. Spremann, *Öffentliche Finanzwirtschaft,* essentials,
https://doi.org/10.1007/978-3-658-23861-2_1

angesichts der Unterschiedlichkeit menschlicher Haltungen die in der Welt anzu-
treffende Variation der Systeme für die finanzielle und wirtschaftliche Tätigkeit
des Staates. Daran soll das Eingangswort des indischen spirituellen Meisters
Maharaj erinnern.

Dieses *essential* konzentriert sich auf die großen Entwicklungslinien. Wir
folgen Richard A. Musgrave (1910–2007), der die Öffentliche Finanzwirtschaft
aus verschiedensten Einzeltheorien und Ansätzen geschmiedet hat. Musgrave ver-
stand die Aufgaben des Staates als einen *Dreiklang,* umschrieben mit *Allokation,*
Distribution und *Stabilisierung:* Erstens solle der Staat zwar Märkte schaffen und
Privatwirtschaft zulassen, doch er sollte, wo nötig, mit lenkender Hand erreichen,
dass die Märkte auch gut funktionieren. Zweitens sollte der Staat gewisse
Umverteilungen vornehmen, am besten durch Transfers. Drittens sollte der Staat
versuchen, gesamtwirtschaftliche Stabilität und gleichmäßige, nachhaltige Wirt-
schaftsentwicklung zu erreichen.

Diese drei Hauptziele sind hier ebenso in den Vordergrund gerückt. Das
Kap. 2 über *das Leistungsangebot des Staates* betont den ersten „Klang" der
Allokation. Der Staat trägt dafür Sorge, dass jene Güter bereitstehen, bei denen
eine gänzlich freie Marktwirtschaft zu einer Unterversorgung führen würde.
Gemeint sind öffentliche Güter. Das Kap. 3 über *Sozialleistungen, Transfers und*
Migration geht auf den „Klang" der Distribution ein. Das Kap. 4 über die *Geld-*
und Fiskalpolitik zeigt, wie der Staat die angestrebte stabile und nachhaltige
wirtschaftliche Entwicklung erreichen möchte. Die Konklusion des *essentials* ist
als Kap. 5 ausgeführt. Nach Ergänzungen, darunter einer Kurzübersicht zur Theorie kollektiver Entscheidungen, folgen eine Zusammenfassung der Hauptaussagen
sowie Literaturhinweise.

Dieses *essential* soll 1) den Studierenden als Vorbereitung für Lehrver-
anstaltungen dienen, und hilft dazu, 2) die Essenz des Themas auf wenigen Seiten
zu erfassen. Selbstverständlich bietet sich die Darstellung für Personen an, 3) die
in Banken, in Verbänden, in öffentlichen Einrichtungen und in den Medien arbeiten und die sich schnell über die wichtigsten Ansätze und Ergebnisse im Themen-
kreis der Öffentlichen Finanzwirtschaft informieren wollen.

Leistungsangebot des Staates 2

Das Kap. 2 ist dem „Klang" der Allokation gewidmet. Der Staat würde die Tätigkeiten durchaus ganz der Privatwirtschaft überlassen. Doch ein vollkommen freier Markt würde auf eine Allokation führen, die gewisse ökonomische Mindestkriterien nicht erfüllt. Deshalb greift der Staat lenkend ein. Die Stichworte: externe Effekte, Pigou-Steuer, Coase-Theorem, öffentliche Güter. Zuvor diese Frage: Wann sind die ersten Staaten entstanden?

2.1 Eigentumsrechte und Staat

Ein Sprung in der Entwicklung der menschlichen Gesellschaft, die *neolithische Revolution,* hat vor zehntausend Jahren stattgefunden. Die Menschen hörten auf, als Jäger und Sammler in Sippen herumzuziehen. Sie wurden sesshaft, rodeten, bauten Hütten für kleinere Familien. Ackerbau, Tierhaltung und die Vorratswirtschaft begannen. Eigentum (umfassendste Verfügungsrechte) wurde klar vom Besitz (Verwendungsrechte) unterschieden. Planerische und wirtschaftliche Überlegungen gewannen Kraft. Geschenke und Gegengeschenke waren üblich, später dann auch der Tausch, der den Beginn von Arbeitsteilung erlaubte.

Die damaligen Ansiedlungen waren *autark* und *autonom.* Sie verwalteten sich selbst. Sicherlich wurden viele Aufgaben gemeinschaftlich ausgeführt. Dabei mag sein, dass sich ein Koordinator und Schlichter hervortat, der vielleicht auch Zeremonien leitete. Damals, vor zehntausend Jahren gab es aber noch keine institutionalisierte Regierung, die von einer politischen Klasse gestellt worden wäre. Der Staat als Institution ist später aufgekommen: Früheste Staatsbildungen waren Stadtstaaten in Sumer/Mesopotamien im 4. Jahrtausend v. Chr. In dieser Zeit wurden Wagen, Rad und die Schrift erfunden.

© Springer Fachmedien Wiesbaden GmbH, ein Teil von Springer Nature 2019
K. Spremann, *Öffentliche Finanzwirtschaft,* essentials,
https://doi.org/10.1007/978-3-658-23861-2_2

Für die Entstehung des Staatswesens und die sie prägende *Permanenz hierarchischer Obrigkeit* wurden mehrere Erklärungsmuster aufgestellt. Hohe Zustimmung findet die *Unterwerfungstheorie*. Sie geht davon aus, dass der Staat aus der Unterwerfung friedlicher Bauernvölker durch kriegerische Hirtenvölker entstanden ist. Eine einzige gewaltsame Eroberung schafft indes noch kein Staatswesen. Doch mit wiederkehrenden Angriffen dürfte es dazu gekommen sein, dass die Herrschaft anerkannt wurde. Während es den Angreifern zu Beginn um Beutezüge und Plünderungen ging, haben sie später Regeln eingerichtet, nach denen die Unterworfenen periodisch Abgaben zu leisten hatten und zu Diensten verpflichtet wurden.

▶ Wo sich die manifeste Gewalt von Überfällen in strukturelle, permanente Herrschaftsverhältnisse gewandelt hat, dort ist der Schritt zum Staatswesen vollzogen (Uwe Wesel, *1933).

Selbstverständlich wollten sich die Herrschenden ihre Pfründe nicht in Angriffen von anderen Hirtenvölkern wieder entreißen lassen. Deshalb organisierten und bewerkstelligten sie den *Schutz der Außengrenze*, und damit boten sie zugleich für die Menschen Schutz von Leben, Hab und Gut. Insofern standen den Abgaben sogar Leistungen gegenüber.

An externen Aggressionen sollte es nicht gefehlt haben. Denn die Vergrößerung des „Landes" war für alle eine rentable Investition. Der Aufwand für den Schutz der Außengrenze dürfte proportional zur Länge der Grenze gewesen sein, während die im Innern hebbaren „Steuern" wohl proportional zur Anzahl von Steuerpflichtigen, und damit zur Fläche, gewesen sind. Mit einer Vergrößerung des Landes steigt die Relation von Fläche F zu Grenzumfang U. Man betrachte etwa ein Quadrat der Seitenlänge 1. Wird die Seitenlänge von 1 auf 2 oder sogar auf 3 erhöht, dann steigt die Fläche auf 4 beziehungsweise sogar auf 9. Der Grenzumfang hingegen nimmt von 4 nur auf 8 beziehungsweise 12 zu. Die Relation von F und U ändert sich von ¼ auf ½ und dann auf ¾. Die Relation von Steueraufkommen zu Kosten der Grenzsicherung verbessert sich mit der Größe des Landes. So wurde in Kriegen immer wieder erprobt, welcher Herrscher sich auf Kosten des schwächeren ausdehnen konnte.

Der Schutz der Außengrenze verlangte nicht nur Soldaten, sondern Einrichtungen, Bauten, und Straßen. Die *Infrastruktur* konnte wiederum von den Einheimischen mitbenutzt werden. Gleichzeitig verlangte das alles *polizeiliche und rechtliche Ordnung im Innern,* und dazu war eine öffentliche Verwaltung, waren Ämter und Staatsbeamte erforderlich. Zunehmend konnten Herrscher nicht mehr in sämtlichen Alltagsfragen nach eigener Willensbildung entscheiden. Regeln, *Gesetze* wurden verlangt. Sie haben für viele Fragen vorgeklärt, welches Verhalten gesetzlich und welches ein Verstoß gegen die Gesetze wäre.

▶ Der Staat hat das Territorium nach außen geschützt und im Inneren geordnet und verwaltet. Dazu wurden Straßen und Bauten errichtet, Gesetze wurden erlassen, ein Rechtssystem eingeführt und es wurden Ämter geschaffen.

Ohne Frage übernahmen die Herrschenden die Kontrolle von Bergwerken. So konnten sie Münzen prägen, und sich mit dem *Münzgeld* weitere Dienstbarkeiten sichern (ab dem 7. Jahrhundert v. Chr.). Das Geld wurde dann vom Volk weiter verwendet und hat so zur Belebung des Wirtschaftslebens geführt. Vor allem konnte durch das Geld der *Handel* aufblühen. Zwar wurde bereits zuvor beim Naturaltausch eine Recheneinheit verwendet, nämlich das Vieh, doch waren die Tiere höchst selten direkt in die Transfers eingebunden. Die Münzen (oder ihr Goldgewicht) übernahmen die Rolle der *Recheneinheit*, sie fungierten als *Träger der Werte* und wurden direkt im Tausch, bei Ausleihungen, bei geschäftlichen Partnerschaften und eben zur Bezahlung von Steuern sowie der Pacht im Lehenswesen verwendet. Die Münzen wurden Recheneinheit und akzeptiertes Zahlungsmittel. Überdies erhielten sie oft für längere Zeit ihre Kaufkraft und eigneten sich dadurch zur Wertaufbewahrung. Recheneinheit, Zahlungsmittel, Wertaufbewahrung sind die drei wichtigsten Funktionen des Geldes. Mit dem Geld konnten die Gütermärkte aufblühen. Das verschaffte Vorteile durch Arbeitsteilung. Spezialisierungen bei der Produktion, das Handwerk und die Berufe konnten sich herausbilden. *Geld wurde zum Generalschlüssel für die gesamte Wirtschaft.*

2.2 Markt und Marktversagen

▶ Wirtschaften verlangt, bei der Produktion und der *Allokation* (Zuteilung und Verteilung) von Gütern zu kooperieren, dabei auf Effizienz und Nachhaltigkeit der Ressourcenverwendung zu achten und allgemein den gesellschaftlichen Regeln zu folgen.

Für das Wirtschaften sind Märkte bedeutsam, weil sie die Gütertransfers zwischen Anbietern und Nachfragern effizient und fair organisieren. Ein Markt für ein Gut ist offen und transparent. Die *Transaktionskosten,* die Kosten für den Marktzutritt, für die Informationsbeschaffung und die Abwicklung der Vereinbarungen sind gering. Ein Markt zieht folglich zahlreiche Anbieter und Nachfrager an, und erzeugt einen Preis, bei dem das gesamte Angebot gleich der gesamten Nachfrage ist (Markträumung). Der Preis ist stabil, sofern Angebot und Nachfrage heterogen sind. Funktioniert ein Markt auf derart ideale Weise, dann ist die durch das Marktgeschehen herbeigeführte Allokation

Pareto-effizient, so benannt nach Vilfredo Pareto (1848–1943). Das heißt, es gibt keine andere Allokation, bei der eine oder einige Personen zwar besser, aber niemand schlechter gestellt wäre. Die Pareto-Effizienz ist die Minimalforderung, die an ein „gesellschaftliches Optimum" gestellt wird.

Ein großer Verfechter der Idee, möglichst viele wirtschaftliche Aufgaben durch Märkte zu bewerkstelligen und Wettbewerb zuzulassen, ist Friedrich August von Hayek (1899–1989). Von Hayek führt zwei Argumente aus:

- Der Markt koordiniert das verstreute Wissen der zahlreichen Marktteilnehmer, ohne dass es zentralisiert werden müsste. Anders als eine Bürokratie oder ein Regelsystem ist der Markt folglich eine besonders *leicht ablaufende Organisationsform* für wirtschaftliche Kooperation.
- Der *Wettbewerb schafft Weiterentwickeltes, Besseres, und sogar gänzlich Neues.* Der Wettbewerb führt auf neue Produkte, sogar auf neuartige soziale Einstellungen, die zuvor unbekannt waren und folglich von einer planenden Behörde nicht hätten angesteuert werden können.

Der Analyse Hayeks ist voll zuzustimmen. Jedoch hat das „Marktspiel" Voraussetzungen, damit die erwarteten Wirkungen auch eintreten. Eine erste Voraussetzung ist die, dass *rein private Güter* getauscht werden, Güter also, die *keine externen Effekte* haben. Ein Gut hat externe Effekte, wenn bei Produktion, Tausch, Lagerung oder bei Gebrauch oder Verbrauch der Nutzen an sich unbeteiligter Dritter positiv oder negativ beeinflusst wird. Eine häufig auftretende negative Externalität entsteht durch Belästigung oder Schadstoffemission. Wenn jemand in einer Marktwirtschaft eine Produktionsentscheidung trifft, oder ein Gut kauft und konsumiert, wobei andere durch Lärm oder Gerüche beeinträchtigt werden, dann bleiben die Präferenzen dieser Personen unberücksichtigt. Die Produktionsentscheidung oder die Nutzung dürfte so ausfallen, dass an Pareto-Effizienz oder an einem gesellschaftlichen Optimum vorbei zu viel produziert und konsumiert wird.

Ganz ähnlich ist die Situation bei Gütern, die positive Externalitäten zeigen. Die Produktion, der Tausch, die Lagerung und der Gebrauch oder Verbrauch solcher Güter strahlt positiv aus und steigert den Nutzen an sich unbeteiligter Dritter. Auch in diesem Fall würde eine rein marktwirtschaftliche Allokation am gesellschaftlichen Optimum vorbeigehen, weil die begünstigten Dritten nicht beim Zustandekommen der Preise und der marktwirtschaftlichen Allokation teilhaben. Von dem Gut, das positive Externalitäten zeigt, wird folglich zu wenig produziert und verbraucht. Positive Externalitäten kommen zum Beispiel bei den Aktivitäten in Fabriken für Start-ups, in Denkfabriken und in der angewandten Forschung auf, weil Wissen und Kreativität im Gespräch mit anderen Entwicklern deren eigene Arbeiten fördern. Ein weiteres Beispiel für positive Externalitäten in der Produktion liefert die Landwirtschaft. Gekoppelt an die Herstellung von Nahrungsmitteln ist die Landschaftspflege, die sehr viele Menschen für nützlich erachten. Zeigt ein Gut positive Externalitäten in unbeschränkter Weite, dann ist es bereits ein öffentliches Gut. Wie Paul A. Samuelson (1915–2009) formal bewies, kommt es in einer freien Marktwirtschaft zu einer Unterversorgung mit öffentlichen Gütern.

Eine zweite Voraussetzung verlangt, dass sich alle als *Preisnehmer* verhalten: Kein Monopolist darf das Angebot (oder die Nachfrage) allein festlegen. Niemand darf glauben, mit Macht oder Taktik den Preis beeinflussen zu können. Diese vorausgesetzte Bedingung wird erreicht, wenn *viele* Anbieter und Nachfrager am Marktgeschehen teilnehmen, wenn also keiner von ihnen besonders bedeutend ist, und wenn Absprachen verboten werden. Der monopolistische Anbieter verlangt zu hohe Preise. Ein weiterer Punkt kommt hinzu: Der Monopolist wird nicht von den Marktkräften dazu geführt, die Qualität weiter zu entwickeln und Innovationen umzusetzen.

Die Probleme, die Monopolisten schaffen, haben für den Staat große Bedeutung. Früher ist der Staat in der Großtechnologie (Bahn, Telekommunikation) als alleiniger Produzent und Anbieter aufgetreten. Heute entstehen aufgrund von Skalenerträgen, Netzwerkeffekten und digitalen Plattformen natürliche Monopole. Die Frage lautet, wie der moderne Staat mit diesen monopolistischen Produktionsstrukturen umgehen sollte.

Die dritte Voraussetzung dafür, dass der freie Markt zu gesamtwirtschaftlich wünschenswerten Allokationen führt, verlangt eine gewisse Heterogenität der Marktteilnehmer. Die Produzenten müssen ihre Angebote voneinander *unabhängig* festlegen und die Nachfrager müssen ebenso *unabhängig* voneinander ihren jeweiligen Bedarf aufstellen. Denn andernfalls könnten sich durch gleiche, homogene Ausrichtung beim Angebot oder bei der Nachfrage „Klumpen" bilden. *Gleichgerichtete Verhaltensbildung* stünde der Stabilität eines markträumenden Gleichgewichtspreises entgegen.

Ein Beispiel sind konjunkturelle Schwankungen. Die Konjunkturphase wird von allen Produzenten ganz ähnlich interpretiert, weshalb Entscheidungen über Investitionen und über die Einstellung von Mitarbeitern gleich ausfallen. Ganz ähnlich verhalten sich Nachfrager in Phasen überschäumender oder bei verhaltener wirtschaftlicher Entwicklung in identischer Weise. *Ansteckungseffekte* wirken, die Nachfrager gelangen zu ähnlichen Schlussfolgerungen und handeln übereinstimmend. Das ist für ein stabiles Marktgleichgewicht abträglich.

Deutlich dramatischer als bei Konjunkturschwankungen kann sich die Klumpenbildung in Finanzmärkten auswirken. Hier wirken drei Besonderheiten.

- Praktisch allen Akteuren geht es um Geld und Rendite. Sie haben also identische Präferenzen.
- Die Liquidität der Finanzmärkte gestattet es, der Rendite wegen Positionen einzunehmen, deren Art man ansonsten gar nicht halten wollte. Denn die Transaktionskosten für Kauf und Verkauf sind aufgrund der Marktliquidität gering. Zudem können mit Krediten die rentabel erscheinenden Positionen in enormer Größenordnung aufgebaut werden.
- Die Informationseffizienz der Finanzmärkte bewirkt, dass alle Akteure über dieselben Informationen verfügen. Das heißt, entweder wollen alle Akteure ein Wertpapier oder eine Vermögensposition kaufen, und dies noch dazu mit Krediten und in übertriebenem Umfang, oder alle wollen verkaufen.

Es gibt nur entweder Hype oder Bust und Crash mit der Folge, dass Finanzmärkten eine inhärente Instabilität nachgesagt wird.

Die Regierungen müssen daher eine Abwägung treffen. Einerseits entstehen enorme Vorteile, wenn für viele Bereiche der Markt und der Wettbewerb ein weitgehend freies Wirtschaften erlauben. Andererseits entstehen mehr oder minder deutliche Verzerrungen, wenn es Externalitäten gibt oder wenn öffentliche Güter geschaffen werden sollten. Zu Verzerrungen führen auch natürliche Monopole, wie sie für die digitale Welt typisch sind. Verzerrungen im Sinne einer Abweichung von einer stabilen, nachhaltigen Entwicklung treten auch bei Abhängigkeiten (Klumpen) auf, die sich im Angebot oder in der Nachfrage bilden können.

Hier muss der Staat eine Festlegung treffen, denn unterschiedliche Wege sind möglich.

- Ein erster Weg lässt für alle Wirtschaftssektoren dennoch freien Wettbewerb zu (Neo-Liberalismus). Wenn aufgrund von Externalitäten, Monopolen oder wegen Klumpenbildung bei Angebot und Nachfrage unerwünschte Ergebnisse eintreten, dann werden sie als geringfügiger eingestuft als die Kosten eines Gegensteuerns durch den Staat.
- Ein zweiter Weg würde die Freiheit der Märkte durch staatliche Lenkung einschränken (Interventionismus).

Zwischen diesen Extrema von Neo-Liberalismus und Interventionismus bestehen Zwischenformen. Sie geben Raum für eine abgestimmte Ausgestaltung der staatlichen Finanzwirtschaft. Allerdings ist aufgrund der globalen Öffnung der Finanzmärkte die Gestaltungsmöglichkeit für einen einzelnen Staat beschränkt.

2.3 Externe Effekte

Arthur Cecil Pigou (1877–1959) prägte den Begriff der *Externalität* und definierte: Es handelt sich dabei um Nachteile oder um Vorteile für Parteien, die in die entsprechenden Entscheidungen nicht eingebunden waren (sondern „extern") blieben. Um die dadurch entstehenden Verzerrungen zu vermeiden, müssten diese Parteien in die Entscheidungen (über Produktion oder Konsum) mit eingebunden, eben „internalisiert" werden. Nach *Internalisierung* würden positive wie negative Konsequenzen einer Entscheidung von allen beurteilt, weil alle in die Entscheidung eingebunden sind. Pigou schlug vor, den Einfluss der Parteien, die internalisiert werden sollten, durch den Staat ausüben zu lassen, der sie pauschal bei der Entscheidung in Geltung bringt.

Bei negativen Externalitäten solle dies durch eine Steuer geschehen, die pro Mengeneinheit fällig wird und die negativen Auswirkungen auf Dritte wie eine Kostengröße einbringt. Daraufhin hat der kleine Kreis von internen Entscheidungsträgern eine neue Kalkulation, und wird eine geringere Quantität oder Intensität festlegen. Externalitäten können in Produktionsprozessen oder beim Konsum auftreten. Bei der Produktion wäre die Folge der Steuer, dass die Produktionskosten höher werden, der Absatz nicht mehr so einfach ist, und der Produzent sich daher für eine Reduktion der Quantität entscheiden würde. Beim Konsum würde die Steuer auf einen höheren Preis führen, und die konsumierende Person würde der persönlichen Präferenz entsprechend weniger nachfragen.

Ein Beispiel für eine Pigou-Steuer ist die Kraftfahrzeug-Steuer. Sie setzt einen Anreiz, bei der Neuanschaffung ein schadstoffarmes Automodell zu wählen. Bei der früheren Mineralölsteuer und heutigen Energiesteuer fördern verschiedene Steuerbegünstigungen den Einsatz umweltfreundlicher Verkehrsmittel und Energieträger. Die von Hans C. Binswanger (1929–2018) vorgeschlagene Öko-Steuer ist ebenso eine Pigou-Steuer. In ihrer heutigen Umsetzung lenkt sie aber nur teilweise zu geringerem Verbrauch, da der Steuersatz für hohe Energieverbraucher ermäßigt ist.

Kritik an der Pigou-Steuer entzündet sich daran, dass die Position der externen Dritten nur pauschal in Ansatz gebracht wird. Das trifft besonders dann zu, wenn mehrere Personen als Dritte betroffen sind und wenn sie die negativen Auswirkungen ganz unterschiedlich einschätzen.

Situationen mit Externalitäten sind von Situationen zu unterscheiden, in denen zwar keine Wirkungen auf Dritte vorliegen, die Betroffenen aber Präferenzen äußern, die nur durch Unerfahrenheit, Ungeduld oder Uninformiertheit erklärbar sind. Die persönlich geäußerte Präferenz kann dabei den Nutzen unter- oder überschätzen, der aus einer objektivierten Perspektive dem Gut zugesprochen würde. Dann sollte der Staat möglicherweise lenkend und führend eingreifen.

- *Demeritorische Güter:* Die Versuchung eines Glücksspiels ist für viele ebenso unwiderstehlich wie der sofortige Genuss von Alkohol und Tabak.
- *Meritorische Güter:* Lange laufende Ansparvorgänge für das Alter schrecken viele ab.

Der Staat wird dann seine Sicht höher einstufen und den ansonsten souveränen Konsumenten lenken. Das könnte bei demeritorischen Gütern durch Verbote und bei meritorischen Gütern durch Gebote geschehen. Steuern oder Subventionen sind ebenso dafür geeignet. Jedoch wird dann weder von einer Pigou-Steuer noch von einer Pigou-Subvention gesprochen.

Die Vermutung, dass der Staat mit der Pigou-Steuer bei (negativen) Externalitäten höhere Einnahmen erzielt, ist nicht korrekt. Denn die Pigou-Steuer ist auf eine Verringerung von Quantitäten ausgerichtet. Daher hat sie typischerweise geringere Steuern bei anderen Steuerarten zur Folge, etwa bei der Umsatzsteuer. Folglich könnte eine Rücknahme einer bereits eingeführten Pigou-Steuer sogar dazu führen, dass insgesamt das Steueraufkommen steigt. Solche Effekte werden mit Arthur B. Laffer (*1940) in Verbindung gebracht, der die (schon vor ihm in der Literatur geäußerte) Hypothese vertritt, dass in vielen Situationen Steuersenkungen auf höhere Gesamteinnahmen führen.

Ludwig von Mises (1881–1973) äußerte, dass Externalitäten vor allem deshalb ein ökonomisches Problem darstellen, weil vielfach unklar ist, ob überhaupt und wie die *Verfügungsrechte* (Property Rights) geregelt sind. Wenn sich bei klaren Verfügungsrechten ein Dritter gestört fühlt, dann besagt die Regelung entweder, dass die Störung hingenommen werden muss oder sie besagt, dass (auf Verlangen) der Störer seine Aktivität beenden muss.

Klarheit darüber, wer was tun darf und was zu unterlassen ist, bildet den Ausgangspunkt für die Untersuchungen von Ronald H. Coase (1910–2013). Coase betrachtet zwei Parteien A und B in einer Situation klarer Verfügungsrechte.

- Die Partei B, die sich gestört fühlt, dies aber angesichts bestehender Verfügungsrechte hinnehmen muss, kann mit dem Störer A Verhandlungen aufnehmen. Ziel ist eine *private Übereinkunft,* in der sich A zu einer (klar festgelegten) Einschränkung der Störung verpflichtet, und dafür von B einen Geldbetrag erhält.
- Ebenso hat Coase die Situation betrachtet, in der die Verfügungsrechte so sind, dass A nicht stören darf. Dennoch kann A Verhandlungen mit B aufnehmen. Ziel wäre eine private Übereinkunft, dass A gleichwohl in einem bestimmten Umfang stören darf. B solle dies erlauben und erhält dafür von A einen gewissen Betrag als Kompensation.

Wenn man sich das Ausmaß der Störung als graduell vorstellt, dann geht es in beiden Situationen um die Zeitdauer oder um die Intensität der Störung.

Coase hat nun dieses, heute als *Coase-Theorem* bezeichnete Ergebnis hergeleitet: Falls A und B Unternehmen sind – ihre Präferenzen sind durch Kosten- und Erlösfunktionen beschrieben – dann einigen sie sich auf einen gewissen Störungsumfang, und der Störungsumfang, auf den sie sich einigen, ist *unabhängig* davon, wie die Verfügungsrechte geregelt sind. Die Regelung der Verfügungsrechte hat lediglich Einfluss darauf, wer an wen bezahlt und wie hoch der Betrag ist.

Das Coase-Theorem legt eine Basis, bei Externalitäten zunächst zu versuchen, den größeren Kreis der Internen und Externen zusammenzubringen, damit sie untereinander selbst zu einer Einigung finden. Dies ohne Eingriffe oder Lenkung seitens des Staates. Der Staat muss nur (zuvor) die Verfügungsrechte klar definiert haben. Das hat Einfluss darauf, wer an wen und wie viel als Kompensation bezahlen muss. Es hat aber keinen Einfluss darauf, wie viel letztlich (unter Störungen) produziert und konsumiert wird.

Ein als erfolgreich betrachtetes Beispiel für eine solche privatwirtschaftliche Regulierung ist der Handel mit CO_2-Zertifikaten. Der Staat ordnet den Produzenten gewisse Mengen an Emissionsrechten zu – Festlegung der Property Rights – und etabliert einen Markt für den Handel mit Zertifikaten. Die Unternehmen handeln dann unter sich frei mit den Zertifikaten und verändern so die ursprüngliche Verteilung der Verfügungsrechte.

2.4 Öffentliche Güter

▶ Musgrave und Samuelson haben die Besonderheiten öffentlicher
Güter so formuliert:

- *Nicht-Ausschließbarkeit* vom Konsum: Ist das öffentliche Gut
  geschaffen, dann steht es allen zur Verfügung. Niemand kann (mit
  vertretbarem Aufwand) von der Nutzung ausgeschlossen werden,
  das Gut kann praktisch niemandem vorenthalten werden.
- *Nicht-Rivalität* im Konsum: Wenn weitere Personen hinzutreten
  und ebenso das öffentliche Gut nutzen, dann wird dadurch der
  Konsumnutzen der bisherigen Personen nicht geschmälert.

Dies wissend, wird sich bei der Entscheidung über die Produktion des öffentlichen Gutes niemand besonders dafür aussprechen. Denn dann könnte eine Beteiligung an den Produktionskosten verlangt werden. Jeder Einzelne hält sich folglich zurück und kann, wenn das öffentliche Gut dann geschaffen worden ist, wie bei einer Freifahrt am Konsum teilhaben. Dies eben ohne dass wegen einer früheren Bekundung eine Bezahlung eingefordert werden könnte. In Folge der ausbleibenden Bekundungen für das öffentliche Gut käme es zu einer *Unterversorgung*. Musgrave und Samuelson schließen, der Staat müsse die richtige Größenordnung und Qualität schätzen, in der das öffentliche Gut geschaffen werden sollte. Und die Finanzierung müsse der Staat übernehmen.

▶ Samuelson formulierte 1954 auch eine Bedingung, die den gesellschaftlich optimalen Umfang eines öffentlichen Gutes mikroökonomisch charakterisiert: Die *Samuelson-Bedingung* verlangt, dass die *Summe* der Grenzraten der Substitution der Personen oder Haushaltungen, also die *Summe* der individuellen marginalen Zahlungsbereitschaften, mit der Grenzrate der Transformation übereinstimmen, mit den Grenzkosten der Produktion also. Zum Vergleich: in einem Markt für rein private Güter sind im Marktgleichgewicht alle marginalen Zahlungsbereitschaften gleich dem Preis, und auch die Grenzkosten aller Produzenten stimmen überein mit dem Preis.

Einige Beispiele für öffentliche Güter: Landesverteidigung, Umweltschutz, Rechtssystem, immaterielle Güter (wie zum Beispiel der Frieden), Leuchttürme und der Klimaschutz. Diese Güter gehen mit Nicht-Ausschließbarkeit und mit Nicht-Rivalität im Konsum einher.

Dass ein öffentliches Gut niemandem vorenthalten werden kann, bedeutet allerdings nicht, dass es auch von allen Bevölkerungsgruppen gleichermaßen genutzt wird. Ein Park in einer Großstadt wird wohl von Älteren und von Kindern häufiger besucht als von Menschen mittleren Alters, die im Beruf stehen. Eine Brücke wird vielleicht vom Gewerbe stärker benutzt als von Privatpersonen. Die Hermesdeckung, eine staatliche Exportkreditgarantie, nützt den Exporteuren, kaum jedoch den Produzenten, die nur im Inland absetzen. Deshalb wird der Staat nicht nur die Bereitstellung öffentlicher Güter organisieren. Er wird dabei Akzente setzen und beachten, welche Teilgruppen der Öffentlichkeit das Gut dann besonders intensiv nutzen dürften. Aufgrund des Akzentes öffentlicher Güter sind einige Länder besonders für ältere Menschen attraktiv. Und genauso setzen andere Länder oder Städte die Akzente so, dass aufgrund des Angebots sich besonders die Jüngeren dort wohl fühlen.

Viele Güter weisen zwar eine der beiden Eigenschaften (Nicht-Ausschließbarkeit, Nicht-Rivalität) auf, nicht aber die andere. So gibt es Güter, bei denen praktisch niemand vom Konsum ausgeschlossen werden kann, gleichwohl Rivalität aufkommt, wenn zu viele gleichzeitig das Gut nutzen möchten. Es muss dann eine Rationierung, eine Zugangsregel eingerichtet werden. Das Zuteilungsverfahren sichert, dass nicht zu viele gleichzeitig an der Quelle trinken wollen, um ein die Sache treffendes Beispiel zu verwenden. Solche Güter – alle dürfen konsumieren, aber nicht gleichzeitig – werden als *Allmende* (engl. Commons) bezeichnet. Die Allmende ist die Form der gemeinsamen Bewirtschaftung derjenigen Wirtschaftsgüter (Wasser, Land, Jagdreviere) die nicht als Privateigentum zugewiesen worden sind. Bei den Indianern war es die Prärie als gemeinsame Jagdgründe.

Zur Allmende und zur Notwendigkeit einer Rationierung des Zugangs kann es auch dann kommen, wenn der Staat bei der Dimensionierung des öffentlichen Gutes *spart*. Der Staat reduziert dazu die Quantität und Ausgestaltung des öffentlichen Gutes in einer Art, dass es zwar immer noch jedermann und grundsätzlich ohne Bezahlung konsumieren kann, dass aber ein Zuteilungsverfahren eingerichtet wird. Einige Länder haben ein Gesundheitssystem, bei dem alle Menschen die Leistungen zwar gratis beanspruchen dürfen. Doch ein Zuteilungsverfahren regelt, in welcher Reihenfolge und mit welcher Wartezeit ein Patient die Leistungen erhält.

▶   Die Allmende birgt eine tragische Gefahr in sich. Eigentlich würde das
    Gut für alle reichen, doch aufgrund der Rivalität versuchen jene, die
    das Zugangsrecht gerade haben, das Gut über ihren Bedarf hinaus-
    gehend zu nutzen. Die *Tragik der Allmende* zeigt sich in der Über-
    fischung der Meere und überhaupt in der Abkehr von Selbstdisziplin
    in Situationen, in denen eigentlich genug für alle da wäre.

Ein Klubgut kombiniert Ausschließbarkeit mit Nicht-Rivalität im Konsum. Durch gewisse technische Maßnahmen können Personen vom Konsum ausgeschlossen werden, der Zugang zum „Klub" wird ihnen verwehrt. Doch die Klubmitglieder können das Gut ohne jede Rivalität genießen. Ein Beispiel ist die Lounge im Flughafen. Wer Zutritt hat, findet genug Sitzplätze vor, kann ohne Rivalität unter Zeitungen auswählen und Getränke oder Speisen nach Geschmack konsumieren. Klubgüter finden sich im Bildungsbereich. Jene, die immatrikuliert sind, haben Zugang zu allen Angeboten und können diese ohne Rivalität wahrnehmen. Klubgüter werden auch auch im Straßenverkehr eigens erzeugt, wenn der Zugang zu einem privilegierten Netz (Autobahn) mit einer Plakette erlaubt wird, für die bezahlt werden muss.

Zu einem Klubgut kann es also kommen, wenn der Staat bei einem Gut, das an sich sowohl Nicht-Ausschließbarkeit als auch Nicht-Rivalität aufweist, eigens technische Vorrichtungen anbringt, die dann Ausschließbarkeit erzeugen. Dies um den Zugang an eine Klubmitgliedschaft zu binden, für die ein Beitrag erhoben wird. Wer dann den Beitrag gezahlt und Mitglied ist, kann frei entscheiden, ob und wie viel konsumiert werden soll.

▶   Die Überführung von öffentlichen Gütern in Allmende ermöglicht
       dem Staat zu sparen, die Überführung in Klubgüter verhilft zu Bei-
       tragseinnahmen (vgl. Abb. 2.1).

Ein weiterer Schritt ist dem Staat möglich: Das, was an sich ein öffentliches Gut sein könnte, wird so gestaltet, dass es weder Nicht-Ausschließbarkeit aufweist noch Nicht-Rivalität. Es wird dann in der Form eines privaten Gutes angeboten. Der Staat verlangt für die Nutzung Gebühren von jenen, die es haben möchten. Oder aber, der Staat überlässt es gleich privaten Produzenten, über das Angebot des privaten Gutes zu entscheiden. Eventuell gibt der Staat noch Standards vor, um die Qualität zu sichern. In der Tat können einige Güter so gestaltet werden, dass sie eine rein private Natur annehmen. Beispielsweise kann der Staat eine Polizei als öffentliche Dienstleistung anbieten, und ebenso kann der Staat anregen, dass die Privaten den Polizeischutz jeweils für sich selbst organisieren. Gleiches gilt für die Bildung. Sie kann als öffentliches Gut begriffen und der Zugang kann für alle jungen Menschen gleichermaßen geöffnet werden, oder aber die Privaten müssen sich einzeln um das persönlich gewünschte Bildungsangebot kümmern.

Abb. 2.1 Der Staat kann bei öffentlichen Gütern den Weg gehen, zu sparen, und er kann den Weg gehen, zu kassieren. (Quelle: eigene Darstellung)

2.5   Allokation – Entwicklungslinien

Drei Entwicklungslinien werden erkennbar:

- Bei Externalitäten hält sich der Staat zurück und etabliert private Arrangements (Coase), wie etwa den Handel mit CO_2-Zertifikaten.
- Bei öffentlichen Gütern geht der Staat zunehmend den Weg, zu sparen (Allmende mit Rationierung) oder er geht den Weg zu kassieren (Klubgut mit Beitragspflicht für den Zugang).
- Immer mehr lässt der Staat zu, dass Anbieter das Gut als privates Gut parallel anbieten, wodurch das öffentliche Gut irgendwann überflüssig wird.

Sozialleistungen, Transfers und Migration

3

Dieses Kap. 3 ist dem „Klang" der Distribution gewidmet. Der heutige Staat muss für Sozialleistungen sorgen und Transfers festlegen. Die Einkommensverteilung legt eine Korrektur nahe, und zwar aus ethischen Gründen und ganz pragmatisch, um den sozialen Frieden zu erhalten.

3.1 Steuern

Um die Verteidigung, die öffentliche Verwaltung und die Bereitstellung öffentlicher Güter bezahlen zu können, setzt der Staat Abgaben fest. Öffentlich-rechtliche *Abgaben* sind Geldleistungen, die Personen, gegenüber denen der Staat Hoheitsrechte hat, aufgrund von Rechtsvorschriften an den Staat abführen müssen. Wichtigste Abgaben sind Steuern, Beiträge und Gebühren. Daneben gibt es einer Reihe weiterer Abgaben wie Geldstrafen und Geldbußen.

> **Das Bundeszentralamt für Steuern nennt als wichtigste Steuern**
> - die Körperschaftsteuer (Steuersatz 15 %),
> - die Gewerbesteuer (7 % bis 17,5 %),
> - die Umsatzsteuer (Regelsatz 19 %),
> - die Einkommensteuer (progressiv bis zu 38,6 %),
> - den Solidaritätszuschlag von 5,5 % auf die Steuern vom Einkommen (Einkommensteuer, Körperschaftsteuer, Kapitalertragsteuer, Lohnsteuer),
> - die Erbschaftsteuer/Schenkungssteuer (erhoben auf Verkehrswerte).

© Springer Fachmedien Wiesbaden GmbH, ein Teil von Springer Nature 2019
K. Spremann, *Öffentliche Finanzwirtschaft,* essentials,
https://doi.org/10.1007/978-3-658-23861-2_3

In Deutschland wird keine Vermögensteuer erhoben.

Steuern sind die Haupteinnahmequelle eines modernen Staates. Steuern werden von den Steuerpflichtigen (direkt oder indirekt) entrichtet, ohne dass diese dafür eine *individuelle* Gegenleistung beanspruchen können. 1) Sie sollen die im territorial abgegrenzten Staatswesen vom Staat übernommenen Leistungen ermöglichen und 2) erlauben, an supranationalen Gemeinschaftsaufgaben mitzuwirken. Steuern sollten es auch der Regierung ermöglichen, 3) in ganz besonderen Fällen, so bei Naturkatastrophen oder in Situationen politischer Notwendigkeit, Soforthilfe zu bieten und Handlungsfähigkeit zu zeigen. Im Unterschied zu den Steuern werden Beiträge und Gebühren aufgabenbezogen und zweckgebunden eingesetzt. *Beiträge* werden für abgrenzbare Leistungen verwendet, die Beitragszahler im Prinzip in Anspruch nehmen könnten, ungeachtet der Frage, ob die Nutzung erfolgt oder nicht. Beiträge werden auch von staatsnahen Zweckgesellschaften erhoben, etwa von der Rentenversicherung oder von den Krankenkassen. Wenn der Staat ein öffentliches Gut als Klubgut gestaltet, dann wird er auch für die Mitgliedschaft im Klub Beiträge erheben. *Gebühren* werden einer Person berechnet, die von der öffentlichen Verwaltung eine konkret beschreibbare Leistung bezieht. So werden in vielen Ländern für die Benutzung eines Tunnels Gebühren erhoben, und auch die ab 2005 eingeführte und sukzessiv ausgebaute LKW-Maut ist eine streckenbezogene Straßenbenutzungsgebühr.

Nach welchen Kriterien werden Steuergesetze gestaltet? Bereits vor Jahrhunderten wurden Kataloge geforderter Eigenschaften aufgestellt. Vier Grundsätze der Besteuerung wurden 1776 von Adam Smith aufgestellt: Die Steuer soll gerecht sein, nicht willkürlich, situationsangepasst und praktikabel. Smith postulierte: „Good taxes meet four major criteria. They are (1) proportionate to incomes or abilities to pay (2) certain rather than arbitrary (3) payable at times and in ways convenient to the taxpayers and (4) cheap to administer and collect" (S. 429).

Steuergerechtigkeit

In Deutschland wird die Steuergerechtigkeit (als Ausdruck des grundrechtlich zugesicherten Gleichheitssatzes gemäß Art. 3 Abs. 1 Grundgesetz) so ausgelegt, dass sechs Eigenschaften erfüllt sind:

- Die Steuerhöhe orientiert sich an der wirtschaftlichen Leistungsfähigkeit des Steuerzahlers (Leistungsfähigkeitsprinzip). Als Indikatoren der Leistungsfähigkeit gelten das Einkommen, der Konsum und in gewissem Umfang auch das Vermögen.

- Das System ist in sich schlüssig ausgestaltet (Folgerichtigkeitsprinzip). Beispielsweise können Beiträge zur Vorsorge als Sonderausgaben abgesetzt werden.
- Personen im Existenzminimum bleiben frei von Steuern.
- Das Steuersystem berücksichtigt die Unterhaltspflicht gegenüber Angehörigen.
- Vergleichbare wirtschaftliche Sachverhalte sollen steuerlich gleich belastet werden.
- Anreize zur wirtschaftlichen Unabhängigkeit, zum Sparen und zur Eigentumsbildung sollen bleiben. Die Progression der Steuer darf nicht dazu führen, dass Leistungsträger ins Ausland abwandern.

Immer wieder wird diskutiert, ob ein Privathaushalt eher mit einer *direkten* Steuer (vor allem der Einkommensteuer) zu den allgemeinen Staatsausgaben beitragen sollte oder mit einer *indirekten* Steuer (wie der Umsatzsteuer). Das ist die Frage, wie stark das Einkommen und wie stark der Konsum als Indikator der Leistungsfähigkeit gewichtet sein sollen. Sicher spielt bei der Antwort die Zusammensetzung des Haushalts eine Rolle. Familien mit vielen Kindern haben relativ zum Einkommen hohe Ausgaben für den Konsum. In Europa dürfte die internationale Beweglichkeit der Menschen den Vergleich von direkter und indirekter Steuer beeinflussen. Die direkte Steuer ist allein im Land des steuerlichen Wohnsitzes fällig, während die Länder des tatsächlichen Aufenthaltes nur durch indirekte Steuern begünstigt werden. So erklärt sich, dass in Europa die Bedeutung von indirekten Steuern und die von Beiträgen zunimmt. Das heißt allerdings nicht, dass die Staaten deshalb die direkten Steuern senken würden. Allerdings gibt es einige EU-Mitgliedsländer (darunter Ungarn), die den dorthin ziehenden Pensionierten die direkten Steuern (auf Renten) erlassen und sich mit den indirekten Steuern und den Beiträgen zufriedenstellen.

Eine historische Notiz zur *Verkehrssteuer:* In den städtischen Hochkulturen in Mesopotamien besteuerte die Tempelverwaltung die Viehhaltung und den Fischfang und führte darüber Buch. Belege in Ägypten stammen aus dem 3. Jahrtausend v. Chr. Vom Pharao eingesetzte Schreiber erhoben die Erntesteuer und einen Nilzoll. Im Dekumatland (Zehntland) verlangten die Römer von den Germanen, ein Zehntel der Ernte als Tribut abzuliefern. Später rückten Zoll und Maut in den Vordergrund sowie weitere Verkehrssteuern. Heute bestehen sie immer noch als *Stempelsteuer* oder als *Grunderwerbsteuer.* Zweifellos beruhigt die Grunderwerbsteuer den Immobilienmarkt. In Singapur wurde kürzlich die Grunderwerbsteuer deutlich erhöht, um spekulative Käufe mit sofortigen Verkäufen (seitens der Flip-Flop-Investoren) abzuwehren. Beispielsweise müssen Ausländer beim Kauf 20 % bezahlen und daneben werden Verkäufer, je nach Situation, mit bis zu 16 % belastet.

▶ James Tobin (1918–2002) hat vorgeschlagen, eine Verkehrssteuer von ½ % für Devisengeschäfte zu erheben, um spekulative Geldflüsse zwischen verschiedenen Währungsgebieten zu bremsen. Diese *Tobin-Steuer* soll vor allem die Devisen-, Geld- und Kapitalmärkte stabilisieren. Außerdem, so Tobin, trage die Steuer zu den fiskalischen Einnahmen bei. Kritiker meinen, dass bei einer Tobin-Steuer nicht mehr die allerneuesten Informationen in den Kursen enthalten seien, die Informiertheit der Finanzmärkte somit leide. Finanztransaktionen könnten dann unfair werden (weil besser Informierte die nur allgemein Informierten über den Tisch ziehen könnten). Bei einer Tobin-Steuer käme es seltener zu Transaktionen, die dann aber besonders groß sind. Deshalb könnte sich die Volatilität durch eine Tobin-Tax sogar erhöhen.

Umfangreiche ökonomische Forschungen klären, welche Arten von Steuern dem Ziel am nächsten kommen, die Wohlfahrt zu steigern und dabei möglichst wenige negativen Anreize zu geben.

Frank P. Ramsey (1903–1930) zeigt, dass bei einer Besteuerung des Güterverbrauchs am besten ist, die Steuersätze güterspezifisch und jeweils umgekehrt proportional zur Preiselastizität der Nachfrage festzusetzen (*Ramsey-Regel* 1927). W. J. Corlett und D. C. Hague interpretieren die Ramsey-Regel und schlagen vor, komplementäre Freizeitgüter zu besteuern, etwa Benzinverbrauch und Besuche in Restaurants (*Corlett-Hague-Regel* 1953). Eine weitere Entwicklung in dieser Denkrichtung ist die Spitzenlastpreisbildung für Konsumenten.

James A. Mirrlees (1936–2018) zeigt 1971, dass bei der Besteuerung am besten versucht wird, Konflikte zwischen Effizienz, Umverteilung, Anreizwirkung zu minimieren. Umverteilung kann nie „marktkonform" sein: gewisse negative Auswirkungen auf Güter- und Arbeitsmärkte (Abweichung von Effizienz) sind immer zu verzeichnen. Steuern sind immer „second best".

Zusammen mit Peter A. Diamond (*1940) arbeitet Mirrlees zu optimalen Verbrauchssteuern, die spezifisch für jedes Gut festgelegt werden (wie zuvor F. P. Ramsey). Ergebnisse: (1) alle Güter besteuern, die dem *Verbrauch* dienen. (b) dort hohe Verbrauchssteuern, wo Steuerzahler nur wenig ausweichen können. (3) *Produktionseffizienztheorem* 1971: Keine Rohstoffe, keine Zwischenprodukte, keine Produktionsmittel besteuern! Insbesondere kein Kapital besteuern, keine Maschinen, keine Roboter (wie von Bill Gates vorgeschlagen).

Eine aktuelle Herausforderung für die Ökonomie und die Politik ist die Besteuerung digitaler Unternehmen. Früher wurden Erzeugnisse in einem Land

A konstruiert und gefertigt, dann in das Land B verschifft, und in B mithilfe einer lokalen Absatz- und Serviceorganisation verkauft und gewartet. Beide Unternehmen (Konstruktion+Fertigung in A, Absatz und Service in B) erzielten Gewinne, und diese waren in den Ländern A und B zu versteuern. Für die Verrechnungspreise wurde der *Fremdvergleichsgrundsatz* (Dealing At Arm's Length Principle) befolgt. Damit wurde die Wertschöpfung fair zwischen A und B aufgeteilt, und jedes Land konnte ihren Teil besteuern. In der digitalen Welt werden digitale Inhalte in einem Land A durch Software, Plattformen und Cloud-Server gestaltet, und Kunden (aus einem Land B) können diverse Dienste über das Internet direkt aus dem Land A beziehen, wofür „Lizenzgebühren" anfallen, die nur im Land A zu versteuern sind. Einige Firmen in A verlangen auch „Gebühren für Werbung" zugunsten von Firmen im Land B. Im Land B wird von dieser Wertschöpfung nichts versteuert, im Gegenteil: Kunden im Land B können dort Lizenzgebühren und Zahlungen für Werbung als Ausgaben steuerlich absetzen. Viele Länder, die für sich nur die Rolle des Landes B haben, finden diese steuerliche Behandlung unfair, denn immerhin wirken die lokalen Konsumenten an der Wertschöpfung mit. Wolfram Richter (*1946) und andere zeigen Wege, auf denen die gesamte Wertschöpfung aus dem digitalen Geschäft „fair" zwischen den Ländern A und B geteilt werden könnte.

3.2 Sozialleistungen

Das Bruttoinlandsprodukt BIP betrug für Deutschland 3,3 Billionen EUR (2017, alle Beträge in Euro umgerechnet und gerundet – die genannten Zahlen sollen die Größenordnung illustrieren). Für Europa liegt das BIP bei 12,7 Billionen und für die ganze Welt 67,3 Billionen EUR.

Die Steuereinnahmen des deutschen Staates und die Ausgaben betragen 1,5 Billionen EUR. Diese Zahlen aggregieren die verschiedenen Ebenen (Bund, Länder, Kommunen) und Landesteile des föderalen Staates. Der Bund hatte an den steuerlichen Einnahmen und Ausgaben Anteil von 330 Mrd. EUR. Der Rest der steuerlichen Einnahmen und Ausgaben entfällt auf die 16 Länder und die 12.000 Kommunen.

▶ Wie wird der durch Steuern (sowie eine eventuelle Neuverschuldung) finanzierte Haushalt verwendet? Vier große Gruppen von Ausgaben stehen im Vordergrund:

- Soziale Sicherung (42 %),
- Gesundheitswesen (15 %),
- Öffentliche Verwaltung (14 %),
- Schulen und Bildungswesen (14 %).

Gegenüber diesen vier großen Ausgabenblöcken stehen andere Staatsausgaben wie etwa für Verteidigung, Ordnung und Sicherheit oder für Umweltschutz zurück. Rund 2/3 der Steuereinnahmen werden für Sozialleistungen verwendet (Soziale Sicherheit und das Gesundheitswesen zusammenfasst). Die *Staatsquote* für Deutschland: 1,5/3,3 = 45 %.

▶ Eine übliche typologische Klassifikation der Länder orientiert sich an der jeweiligen Staatsquote: Drei Regimes werden unterschieden:

- Liberal (USA, GB, Japan, Singapur) mit Staatsquoten von 35 % bis 45 %
- Konservativ (Niederlande, Norwegen, Österreich) mit Staatsquoten von 45 % bis 55 %
- Sozialdemokratisch (Belgien, Frankreich, Schweden) mit Staatsquoten von 55 % bis 65 %.

Demnach wäre Deutschland mit einer Staatsquote von 45 % gerade an der Grenze zwischen einem liberalen und konservativen Staat. Doch das Bild trügt, weil sich die bisherigen Betrachtungen auf die Steuern beziehen, nicht auf die Abgaben insgesamt. Zu den Abgaben gehören auch die Beiträge. Die größten Beiträge fließen an die Rentenversicherung, an die gesetzlichen Krankenkassen und an die Arbeitslosenversicherung. Diese Beiträge für Deutschland zusammengefasst sind mit 500 Mrd. EUR im Jahr zu veranschlagen. In einem erweiterten Sinn, der die benannten Versorgungswerke mit einschließt, kontrolliert der deutsche Staat nicht allein den Staatshaushalt mit Ausgaben von 1,5 Billionen EUR, sondern 2 Billionen EUR. Werden diese Gesamtausgaben (Steuern plus Beiträge) auf das BIP von 3,3 Billionen EUR bezogen, dann ergibt sich eine Abgabenquote von 60 %.

Deutschland ist im internationalen Vergleich zwar kein Land besonders hoher Steuern (wenn allein die Steuern betrachtet werden). Doch in Untersuchungen der tatsächlichen Belastung von Einkommen nimmt Deutschland einen der obersten Ränge ein.

- Nach obiger Typologie muss Deutschland zur Ländergruppe mit *sehr gut ausgebautem Sozialsystem* gerechnet werden. Das liegt an den gesondert erhobenen Beiträgen für Kranken-, Renten-, Pflege- und Arbeitslosenversicherung.
- Der Staat erhöht zwar nicht die Steuern, doch er überträgt immer mehr die Versorgung mit öffentlichen Gütern an eigens geschaffene Versorgungswerke.
- Diese Zweckgesellschaften werden zwar rechtlich ausgegliedert, doch sie unterstehen der staatlichen Kontrolle und erheben Beiträge.

Auch in anderen Ländern verschiebt der Staat einen Teil seiner öffentlichen Aufgaben an eigens gegründete Institutionen, die dann Beiträge oder Gebühren erheben. Ein Beispiel ist die Infrastruktur für den Straßenverkehr. Ebenso in den USA. Die Regierung erhöht zwar nicht die Steuern, aber auf der Ebene von Städten und von Landkreisen (Counties) werden öffentliche Aufgaben – Feuerwehr, Brücken, Flughäfen – zunehmend ausgegliedert. Die eingerichteten Zweckgesellschaften erheben keine Beiträge. Sie finanzieren sich über die Ausgabe von Kommunalanleihen (Municipal Bonds, kurz *Munis*). Die Munis werden gern gezeichnet, weil die Coupons (für Personen mit steuerlichem Wohnsitz in den USA) steuerbefreit sind. Doch das System ist wenig transparent, und wird bei Übersichten zur Staatsverschuldung ausgeklammert. Die Abgaben in den USA sind eher gering, doch ein Teil der benötigten Mittel werden vom Staat etwas versteckt über Schulden finanziert.

3.3 Rentenversicherung

Das größte Versorgungswerk in Deutschland ist die Rentenversicherung. Die Deutsche Rentenversicherung zahlt jährlich rund 260 Mrd. EUR für 26 Mio. Renten aus. Von diesen Zahlungen sind 210 Mrd. EUR Beiträge, die bei 54 Mio. Versicherten und bei den ihnen Arbeit gebenden Unternehmen erhoben werden. Rund 50 Mrd. werden vom Staat transferiert und stammen aus dem Steueraufkommen. Fast ebenso groß von den Beiträgen und Leistungen her ist das System der 110 gesetzlichen Krankenkassen. Hier liegen die jährlichen Leistungen bei 230 Mrd. EUR, die für 56 Mio. Versicherte und deren Angehörigen ausbezahlt werden.

Die gesetzliche Krankenversicherung (1883) und die Deutsche Rentenversicherung (mit Beginn 1891) gehen auf Otto von Bismarck (1815–1898) zurück. Der Staatsmann hatte die Rentenversicherung als *Kapitaldeckungsverfahren* konzipiert. Doch das während der ersten dreißig Jahre angesammelte Vermögen wurde mit der Hyperinflation 1923 vollständig entwertet. Heute funktioniert (wie in den meisten anderen Ländern) die Rentenversicherung nach dem *Umlageverfahren*. Das heißt vor allem, dass dem System kein Kapital gehört, mit dem die Renten ausbezahlt werden könnten, selbst wenn Beitragszahlungen ausblieben. Auch bei einem Kapitaldeckungsverfahren, so wie sie von Lebensversicherungsgesellschaften angeboten werden, ist es im laufenden Betrieb so, dass hereinkommende Gelder (Beiträge) gleich wieder für die Leistungen ausgegeben werden. Doch eine Kapitaldeckung ist bei Lebensversicherungsgesellschaften vorhanden. Die Allianz beispielsweise verfügt über ein Deckungskapital von 400 Mrd. EUR. Sollte aus irgendeinem Grund das Neugeschäft völlig wegbrechen, könnten die gegebenen Zusagen aus dem Kapital voll erfüllt werden. Das Kriterium des Umlageverfahrens ist also nicht, dass hereinkommendes Geld gleich wieder ausgegeben wird. Das Kriterium ist, dass keine Kapitaldeckung vorhanden ist. Allerdings wird im Sprachgebrauch dennoch auf eine Art von Deckungskapital hingewiesen. So wird gesagt, die Beitragszahler würden „Anwartschaften" erwerben.

Immer wieder werden in Politik und Gesellschaft Vorstellungen diskutiert, die Rentenversicherung solle besser nach einem Kapitaldeckungsverfahren gestaltet werden. Die Befürworter einer Kapitaldeckung sehen die Rente damit als geschützter an, sollte einmal die wirtschaftliche Leistungskraft der deutschen Wirtschaft zurückfallen (geringere Lohneinkommen, weniger Arbeitsplätze, geringere Beiträge, geringere Steuereinnahmen). Denn bei einer Kapitaldeckung wären die laufenden Renten und die Anwartschaften durch Vermögen gesichert, das breiter in der Weltwirtschaft diversifiziert sein könnte und nicht allein in Deutschland verankert wäre.

In einem Denkmodell sollen die jährlichen Rentenausgaben von 260 Mrd. EUR durch Kapital gedeckt sein. Bei einer vollen Kapitalisierung müsste das 25-fache an Kapital vorhanden sein, wenn von einer Kapitalrendite von 4 % ausgegangen wird. Für eine volle Kapitalisierung wären somit 6,5 Billionen EUR nötig. Rund 2,5 Billionen EUR wäre die Deckung der derzeit laufenden Renten, rund 4 Billionen EUR wäre der Wert der bereits erworbenen Anwartschaften. Zum Vergleich: Das Geldvermögen der Haushalte in Deutschland beträgt knapp 6 Billionen EUR (was etwa ein Zehntel des weltweiten Geldvermögens privater Haushalte ist). Doch die Eigentümerschaft dieses Geldvermögens ist konzentriert und würde bei einem Zurückfallen der wirtschaftlichen Leistungskraft Deutschlands nur wenigen anderen Menschen als „Notgroschen" dienen.

Gelegentlich wird angeführt, das Rentensystem selbst habe zwar kein Kapital (von einer Schwankungsreserve abgesehen), doch der Staat verfüge über ein enormes Volksvermögen. Das ist korrekt, doch für die Deckung von Renten und Anwartschaften muss das Vermögen sehr groß sein. Zur Illustration: Angenommen, der Staat habe Wohnungen, und jede Wohnung könne für 10.000 EUR im Jahr vermietet werden. Dann wären die Mieteinnahmen von 26 Mio. solcher Wohnungen erforderlich, um die Renten von 260 Mrd. EUR zu zahlen.

Oft wird behauptet, das Umlageverfahren hänge stark von der Bevölkerungsentwicklung ab. Das ist nicht richtig. Denn es kommt darauf an, wie drei Fragen beantwortet werden: 1) Wie breit wird der Kreis der Versicherten gezogen? 2) Über welche Einkommen verfügen die Versicherten und welche Beiträge sind ihnen und den Unternehmen, bei denen sie arbeiten, zumutbar? 3) Wie hoch kann der mit Steuergeldern bezahlte Transfer vom Staatsbudget zum Haushalt der

Rentenversicherung sein? Die Antworten auf diese drei Fragen hängen von der *Leistungskraft der Unternehmen* ab (sie zahlen die Hälfte der Beiträge und über Unternehmenssteuern ermöglichen sie den Transfer des Staates an die Rentenversicherung), von der *Anzahl von Arbeitsplätzen* sowie von der *Lohnhöhe,* eher als von der zahlenmäßigen Bevölkerungsentwicklung.

In Deutschland bestehen zusätzliche Versorgungen, die kapitalgedeckt sind. Walter Riester (*1943) regte private, kapitalgedeckte Alterssicherungen an, für die der Staat 1) Zulagen gibt, 2) Steuervorteile bietet und 3) ein Erhalt der nominalen Einzahlungen zum Rentenbeginn garantiert wird. Es gibt Riester-Versicherungen, Riester-Banksparpläne, Riester-Immobilienförderung und Riester-Fonds. Riester-Fonds (3,2 Mio.) erlauben einen hohen Aktienanteil und bieten daher die Chance auf gute Gesamtrenditen trotz niedriger Zinsen. Die Riester-Fonds setzen beim Ansparen eine graduell sinkende Aktienquote um. Die Sparbeiträge werden in Dachfonds angelegt. Jeder Anbieter (Union Invest, DWS, DEKA, Fairr.de) bietet Wahlmöglichkeiten. Mit Rentenbeginn dürfen 30 % des Kapitals entnommen werden. Die Rente wird auf 85 Lebensjahre kalkuliert, danach greift eine Versicherung.

3.4 Grundeinkommen

Weltweit wird diskutiert, ob nicht jedes Mitglied der Gesellschaft oder der Nation, und zwar ungeachtet von Alter oder Bedürftigkeit, am Gesamteinkommen der Gesellschaft beteiligt werden sollte. Dies könnte durch ein Grundeinkommen geschehen, das bedingungslos und ohne Prüfung der individuellen wirtschaftlichen Lage an jede Bürgerin und an jeden Bürger ausbezahlt wird. Möglicherweise wird man Kinder und Jugendliche mit einschließen. Das *bedingungslose Grundeinkommen* (BGE) oder *Bürgergeld* ist ein sozialpolitisches Finanztransferkonzept. Inzwischen laufen in diversen Ländern praktische Versuche.

Die Idee hat Vorzüge. Sicher würde ein Bürgergeld die Komplexität der ansonsten erforderlichen Ermittlungen der individuellen wirtschaftlichen Verhältnisse vereinfachen und die mit Transfers verbundenen politischen Diskussionen und Abstimmungen verkürzen. Denn es geht beim BGE nicht darum, eine zusätzliche Umverteilung zu etablieren. Die Absicht ist, die bestehenden, parallel laufenden Systeme durch eine vereinfachte Regelung zu ersetzen. Danach wären alle weiteren Konzepte zur sozialen Sicherung, wie etwas das der Mindestlöhne oder das Arbeitslosengeld Hartz IV, überflüssig. Die Rentensysteme und die verschiedensten Sozialversicherungen wären ersetzt; einzig die Krankenkassen müssten bleiben.

Die Urheberschaft für das bedingungslose Grundeinkommen wird Juliet Rhys-Williams (1898–1964) zugeschrieben. Die englische Politikerin warb ab

1942 für eine „Soziale Dividende" in Form einer negativen Einkommensteuer. Milton Friedman (1912–2006), Geldtheoretiker und Begründer des Monetarismus, hat das *Konzept der negativen Einkommensteuer* 1962 ausformuliert: Der Staat legt für das Erwerbseinkommen eine Schwelle fest. Liegt das persönliche Einkommen darüber, dann müssen Steuern bezahlt werden. Liegt es darunter, dann besteht Anspruch auf einen Zuschuss. Der Tarif der Einkommensteuer, der für jede Einkommenshöhe die zu zahlende Steuer nennt, wird nach unten verschoben. Im Gegenzug fallen die anderen Wohlfahrtsprogramme weg.

▶   In Deutschland werden für das BGE Varianten diskutiert. Dazu gehören
    1) das „Ulmer Modell" von Helmut Pelzer 1996, 2) das ganz ähnliche
    „Solidarische Bürgergeld", vorgeschlagen von Thomas Straubhaar und
    Dieter Althaus 2004, 3) das Modell „Unternimm die Zukunft" von Götz
    Werner 2005. Im Althaus-Modell, ganz ähnlich wie zuvor im Ulmer
    Modell, erhält jeder Einwohner Deutschlands, egal ob Erwachsener
    oder Kind, eine monatliche Auszahlung von 600 EUR, wovon 200 EUR
    als Gesundheitspauschale abgezogen werden. Dafür ist jedes Ein-
    kommen ab dem ersten Euro mit 40 % zu versteuern. Die Formel
    lautet für jede einzelne Person: Nachsteuereinkommen (Nettoein-
    kommen) = 60 % vom Bruttoeinkommen + 400 EUR.

Die Machbarkeit eines BGE wird nicht in Zweifel gezogen, noch dazu wo es andere Sozialsysteme ersetzen sollte, und die Höhe des Grundeinkommens noch nicht festgelegt ist. Sicherlich könnte das BGE danach unterscheiden, ob es einem Erwachsenen gezahlt oder für ein Kind geleistet wird. Wer annimmt, dass in Deutschland für 50 Mio. Menschen je 10.000 EUR jährlich ausbezahlt würden, käme auf 500 Mrd. EUR im Jahr, wovon allein die Hälfte durch die wegfallende Rentenversicherung aufgefangen wären.

Einzelne Studien haben sogar Einsparungen aufgezeigt, die sich aus der deutlichen Vereinfachung im Sozialsystem ergeben. Wissenschaftliche Ergebnisse liegen zu Anreizwirkungen vor. Studien für Deutschland besagen, dass vom bedingungslosen Grundeinkommen ein erhöhter Arbeitsanreiz ausgeht, und dass folglich neue Arbeitsplätze geschaffen würden. Der Sachverständigenrat der Bundesregierung nimmt an, dass 1,2 Mio. Vollzeitstellen neu geschaffen würden. Vermutlich würden mehr Menschen im Gegenzug Tätigkeiten übernehmen, die nicht entlohnt werden (Kindererziehung, Altenpflege), und Arbeitslosigkeit wäre nicht mehr diskreditiert. Die Menschen würden öfters eigene Ideen umsetzen. Unternehmergeist und Innovation würden dadurch gefördert.

3.5 Migrationsökonomie

In den letzten Jahren sind durch Ströme von Migranten in mehreren Teilen der Welt bislang ungewohnte Fragen aufgekommen. Die neue Situation verlangt auch Antworten zu den wirtschaftlichen Folgen. Die Fragen sind überwiegend solche der Distribution.

Bürgerkriege, Verfolgung von Minderheiten (durch religiöse und ideologische Intoleranz) und Hungersnöte waren schon immer Gründe gewesen, aus denen Menschen ihre Heimat verlassen und einen neuen Lebensraum gesucht haben. Hinzu kommen heute das Wohlstandsgefälle in der Welt und der Anreiz, den Sozialleistungen ausüben.

- Auslöser für die Völkerwanderung (375–568) war der Vorstoß der Hunnen aus der Mongolei, die mit neuer Reiterkampftechnik Europa überrannten. Germanische Stämme flüchteten nach West- und Südeuropa, wo es zur Neuordnung kam: Germanische Königreiche entstanden auf römischem Boden und waren mitverantwortlich für den Zerfall des Römischen Reichs.
- Nach dem Zweiten Weltkrieg kam es durch die territoriale Neuordnung in Mitteleuropa zur Flucht. Zahlreiche Vertriebene suchten eine neue Heimat.
- In Asien haben Vietnamkrieg (1955–1975) und Übergriffe von Maoisten zu großer Migration geführt. Hohe Anteile von Migranten haben Hongkong (39 %) und Singapur (43 %).
- Seit 2015 kommen Menschen aus Syrien und inzwischen auch aus afrikanischen Ländern nach Europa, weil sie in ihrer früheren Heimat weder Sicherheit noch Lebenschancen sehen.
- Von diesen tragischen Schicksalen abgesehen migrieren Menschen, weil sie im Zielland bessere Arbeitsplätze und Lebensbedingungen vermuten und sich ökonomisch verbessern möchten – die UN spricht vom *Migration Worker*.

In der Migrationsökonomie *(Migration Economics)* werden die wirtschaftlichen Aspekte der Migration wissenschaftlich untersucht. Mehrere Perspektiven sollen zu einem Gesamtbild verhelfen. Zunächst wird eine mikroökonomische Perspektive gewählt, in die vor allem die Anreizstrukturen einbezogen sind. Sodann wird die Migration im Zusammenhang volkswirtschaftlicher Rahmenbedingen betrachtet, besonders im Hinblick auf die Sozialleistungen. Des Weiteren werden Folgen für den Arbeitsmarkt untersucht, und die Eignung von Maßnahmen der Integration geprüft. Drei Zusammenhänge der Migrationsökonomie sollen hier besprochen werden: Überlegungen zum Wohlfahrtsstaat gehen auf M. Friedman zurück. G. Erber hat ein Arbeitsmarkt-Trilemma aufgestellt, und von G. J. Borjas stammt eine Wohlfahrts-Magnet-Hypothese.

▶ M. Friedman argumentiert: Bei Migration sind 1) Offenheit des Landes bei 2) wirtschaftlich-gesellschaftlicher Integration von Immigranten und ein 3) gut dotierter Wohlfahrtsstaat nicht gleichzeitig möglich *(Wohlfahrtsstaat-Trilemma)* deutlich: Ein Staat kann nicht zugleich: das Land für Immigranten öffnen, sie dann wirtschaftlich voll integrieren, ein gut dotiertes Sozialsystem aufbauen und für alle öffnen. Der Staat kann indes zwei der drei Ziele priorisieren und muss das dritte Ziel zurückstellen. Mögliche Konfigurationen:

- Öffnung, Immigranten werden integriert, Sozialsystem ist aber schwach (Hong Kong),
- Öffnung, Immigranten werden nicht wirtschaftlich integriert, Sozialsystem zwar gut ausgebaut (aber nur für Einheimische geöffnet),
- Land verschließt sich gegen Immigration. Nur die wenigen, die es schaffen, in das Land zu kommen, werden integriert, das Sozialsystem ist ansehnlich (Schweden).

Eine Kritik des Trilemmas von Friedman ergibt sich aus dieser Beobachtung: Immigranten bringen ihre Familien mit, bilden größere Familienverbunde und bauen eine eigene Versorgung auf. Diese Migranten gehen dann bevorzugt in Länder, die offen sind oder in denen nach einiger Zeit mit einer Aufenthaltserlaubnis gerechnet werden kann, sofern es dort gute Arbeitsmöglichkeiten gibt (USA).

▶ Das Wohlfahrtstaat-Trilemma hat Georg Erber (*1950) etwas umformuliert und so ein *Trilemma der Arbeitsmarktpolitik* aufgestellt: Die drei wünschenswerten Ziele 1) Personenfreizügigkeit, 2) Sozialstaat, 3) Einbezug von Immigranten in den Sozialstaat sind nicht gleichzeitig erfüllbar. Lediglich zwei der drei Ziele können erreicht werden. Beispiele:

- Ein Land bietet hohe Sozialleistungen und bezieht Immigranten darin ein. Dann muss es aber die volle Personenfreizügigkeit (Ziel 1) aufgeben.
- Oder ein Land wählt Personenfreizügigkeit und hohe Sozialleistungen als vorrangig. Dann kann das Land die Immigranten

nicht in die Sozialleistungen einbeziehen, ohne dass diese selbst weitere Beiträge einbringen müssten (Ziel 3 unerfüllt).

- Ein Land bietet Personenfreizügigkeit und bezieht Immigranten in den ausgebauten Sozialstaat mit ein, jedoch ist der Sozialstaat nur schwach ausgebaut (Ziel 2 ist nachrangig).

An das Trilemma der Arbeitsmarktpolitik knüpfen John Drifill und Hans-Werner Sinn an. Sie diskutieren die Frage, ob Sozialleistungen für Immigranten eher vom augenblicklichen Wohnland oder vom ursprünglichen Heimatland erbracht werden sollten (NZZ 31.03.2015). Wenn, bei Offenheit des Landes für Immigration, die Sozialleistungen auch für Immigranten vom Wohnland bezahlt werden, dann können sie nicht besonders hoch bemessen sein. Werden hingegen die Sozialleistungen vom Heimatland erbracht, dann kann zwar im Wohnland für die Personen, die dort schon immer gewohnt und gearbeitet haben, durchaus ein hohes Wohlstandsniveau eingerichtet werden. Aber die Immigranten erhalten vielleicht nur wenig Geld aus ihren Herkunftsländern und müssen am Ende dann doch noch im Wohnland unterstützt werden.

▶ George J. Borjas (*1950) baut diese Überlegungen zur *Wohlfahrts-Magnet-Hypothese* (1999) aus:

- Eine hohe Steuerprogression bewirkt, dass das Land zahlreiche (und eher unqualifizierte) Menschen anzieht, die für sich selbst ein eher geringes Einkommen erwarten (und die hohen staatlichen Leistungen schätzen, die bei hoher Steuerprogression finanzierbar sind).
- Eine geringe Steuerprogression bewirkt, dass eher Hochqualifizierte und Unternehmen angezogen werden, die benötigte Dienste selbst privat beschaffen und mit einem eingeschränkten Angebot des Staates zufrieden sind.

3.6 Distribution – Entwicklungslinien

▶ Eine Entwicklungslinie wird erkennbar: Der Staat reduziert seine sozialen Aufgaben und überträgt sie an eigens dafür gegründete Zweckgesellschaften. Diese werden nicht voll vom Staat bezahlt, sondern erhalten aus den Steuereinnahmen nur noch (vergleichsweise geringe) Transfers. Dafür dürfen die Zweckgesellschaften neue Beiträge erheben (Deutschland) oder sie finanzieren sich über Schulden (Munis in den USA).

Geld- und Fiskalpolitik

4

Dieses Kap. 4 ist dem „Klang" der Stabilisierung gewidmet.

4.1 Saison, Konjunktur, Struktur

Die meisten Menschen präferieren einen Einkommensstrom, der sich gleichmäßig über die Jahre hinweg entwickelt. Ungeduldige Personen wünschen sich, schon am Anfang ein höheres Konsumniveau zu haben. Dafür schätzen sie die spätere Einkommensentwicklung als weniger wichtig ein. Geduldige Personen sind anfangs mit einem geringeren Einkommen zufrieden, sofern dadurch spätere Steigerungen erwartet werden können. Doch alle Personen ziehen eine *gleichmäßige* Entwicklung vor. Schwankungen und Einbrüche reduzieren den Gesamtnutzen sehr stark, und temporäre Spitzeneinkommen bewirken nur einen unterproportionalen Nutzenzuwachs.

Franco Modigliani (1918–2003) und andere haben diesen Sachverhalt vor Jahrzehnten mit der *Lebenszyklushypothese* untersucht. Nach der *Permanenten Einkommenshypothese,* 1956 von Friedman aufgestellt, legen die Privathaushalte ihre Konsumausgaben nicht einfach anhand des kurzfristig verfügbaren Einkommens fest. Stattdessen treffen sie Erwartungen, wie ab jetzt und langfristig ihr durchschnittliches Jahreseinkommen sein wird. Dieses bestimmt dann die Ausgaben. Bei momentanen Spitzen im Einkommen wird gespart, bei augenblicklichen Einkommensrückgängen dient Erspartes, um den Konsum entsprechend anzupassen.

Eine nationale Wirtschaft gibt den einzelnen Menschen Instrumente an die Hand, um Schwankungen in Einkommen und Konsum ausgleichen. Dazu gehören Versicherungen sowie die Möglichkeit, Teile des Einkommens privat sparen und anlegen zu können. Doch diese Instrumente – Versicherung, Sparen, Entsparen – verlangen, dass sich die Wirtschaft im Kollektiv einigermaßen gleichmäßig

© Springer Fachmedien Wiesbaden GmbH, ein Teil von Springer Nature 2019
K. Spremann, *Öffentliche Finanzwirtschaft,* essentials,
https://doi.org/10.1007/978-3-658-23861-2_4

entwickelt. Denn wenn die Gesamtwirtschaft durch eine Katastrophe, eine Rezession (oder durch vorübergehend übertrieben hohe Auslastung) ihren langfristigen Pfad verlässt, dann stoßen auch die Instrumente für den interpersonellen Ausgleich an Grenzen. Viele Menschen haben diese Grenzen an den Nullzinsen der letzten Jahre gespürt. Der langfristige Pfad kollektiver Wirtschaft ist auch gefährdet, wenn es zu Krisen oder zu Einbrüchen aufgrund der Beschränkung natürlicher Ressourcen käme. Daher ist *Nachhaltigkeit* ein fundamentales Gebot.

▶   Der Staat wird also versuchen, unter Einhaltung von Sicherheit und Nachhaltigkeit einen gleichmäßigen, langfristig möglichen Wachstumspfad zu erreichen.

- Freie Märkte führen nicht auf eine hinreichende Beachtung dieses Stabilitätsziels. Denn die einzelnen Menschen sind 1) kurzsichtig, 2) unvorsichtig, und 3) sie achten nicht ausreichend auf ihre Umwelt und sie vernachlässigen das Gebot zu Nachhaltigkeit.
- Daher wird das Ziel, für das Kollektiv einem gleichmäßigen und nachhaltigen Entwicklungspfad zu folgen, zu einer Aufgabe des Staates. Im Dreiklang von Musgrave, Allokation, Distribution, Stabilisierung ist es die drittgenannte Aufgabe der öffentlichen Finanzwirtschaft.

In außergewöhnlichen Situationen, etwa in Katastrophen, wird sicher Hilfe von außen kommen. Benachbarte Länder und supranationale Institutionen werden in Notlagen Hilfe bieten. Hier ist es Aufgabe des Staates, sich um eine gute Nachbarschaft und um Mitgliedschaft in diesen nationenübergreifenden Institutionen zu bemühen.

Sodann kann ein fortwährendes Zurückbleiben gegenüber dem langfristig Möglichen auch die Folge mangelhafter Effizienz im Land sein. Die Gründe sind vielfältig: Korruption, übertriebene Bürokratie, Unterlassung von Instandhaltungen, Verfall von Schulen und Hochschulen, Permanenz von Haushaltsdefiziten, schneller Anstieg der Staatsschulden. Dann ist das Land selbst in der Pflicht, Missstände durch Reformen abzubauen. Das ist nicht leicht, doch bei unproduktiver Geldverwendung hilft allein die *Austerität* (Disziplin, Entbehrung oder Sparsamkeit beim Haushalt). Dazu muss sich die Verwaltung der *Best Practice* öffnen, die sich anderswo bewährt.

Nicht als ungewöhnlich gelten drei Arten von Schwankungen, die entweder die Wirtschaft insgesamt oder einzelne Sektoren betreffen.

- *Saisonale Schwankungen* sind kurzfristig, dauern vielleicht drei Monate und sind gut vorhersehbar. Sie hängen von jahreszeitlichen Wetterbedingungen ab, und sie treffen die Baubranche, die Landwirtschaft oder den Tourismus. Sie sind ein Thema für Verbände und Berufsorganisationen, die solche saisonale Schwankungen gut bewältigen können.

- *Konjunkturelle Schwankungen* sind mittelfristiger Natur. Konjunktur-schwankungen waren früher aufgrund der damals anderen industriellen Technologie größer und regelmäßiger, doch sie treten auch heute immer wieder auf. Ein Zyklus dauert zwischen 5 und 10 Jahren, wobei vier Phasen unterschieden werden: *Aufschwung, Boom, Abschwung, Rezession.* Auch wenn die Zykluslänge in etwa bekannt ist, kann nicht prognostiziert werden, wann die nächste Phase einsetzen wird. Konjunkturschwankungen ergeben sich aus Ungleichgewichten zwischen gesamtwirtschaftlicher Nachfrage und gesamtwirtschaftlichem Angebot, die jeweils einer eigenen Dynamik folgen. Daher ist der Staat versucht, in den einzelnen Phasen des Konjunkturzyklus auf die aggregierte Nachfrage und auf das aggregierte Angebot einzuwirken.

- *Strukturelle Schwankungen* (Kondratjew-Zyklen) haben eine sehr langfristige Natur (rund 60 Jahre) und gehen mit technologischen Innovationen einher, die eine ganze Industrie verändern. Strukturelle Schwankungen haben große Auswirkungen auf den Arbeitsmarkt, weil sich das Anforderungsprofil verändert. Beim Aufkommen einer neuen Schlüsseltechnologie, etwa durch Digitalisierung, versuchen einige Regierungen, die Veränderungen zu erleichtern. Das kann durch die frühzeitige Neuansiedlung von Firmen, durch neue Studiengänge, und durch technologiespezifische Übergangshilfen geschehen.

Was die Konjunkturzyklen betrifft, so werden die Ungleichgewichte zwischen der Nachfrage und dem Angebot besonders im Boom und in der Rezession eklatant. Im Boom würde der Staat an eine Beruhigung der Nachfrage denken, vielleicht auch an eine Ausweitung des Angebots. Doch damit müsste aufgrund der zeitlichen Wirkungsverzögerung bereits im *Aufschwung* begonnen werden. In der Rezession würde der Staat hingegen an eine Belebung der Nachfrage denken, vielleicht auch an eine Verringerung des Angebots. Wieder müssten aufgrund der Wirkungsverzögerung die staatlichen Maßnahmen bereits im *Abschwung* einsetzen.

Auf den Punkt gebracht würde der Staat im Aufschwung wirtschaftlich bremsen und im Abschwung beschleunigen. Die Rezeptur setzt voraus, dass die aktuelle Phase klar identifiziert, und nicht von überlagernden strukturellen Veränderungen verzerrt ist. Für die Verlangsamung oder die Beschleunigung stehen dem Staat wirtschaftspolitische Instrumente zur Verfügung. Die Steuerpolitik, staatliche Ausgabeprogramme und vor allem die Geldpolitik könnten eingesetzt werden, um die gesamtwirtschaftliche Nachfrage und das aggregierte Angebot zu beeinflussen.

4.2   Geldpolitik

Diese Frage vorweg: Wie viel Geld braucht die Wirtschaft? Als im 7. Jahrhundert v. Chr. die ersten Münzen aufkamen, wurde die Wirtschaft enorm beflügelt. Der Herrscher war Eigner der Gold- und Silberbergwerke und nahm sich das alleinige Recht, Münzen zu prägen. Mit dem Münzgeld ließ der Herrscher Infrastruktur bauen und bezahlte Söldner. Natürlich verwendeten die Bezahlten ihren Sold, um weitere Nachfrage zu tätigen. So hat das Geld die Wirtschaft belebt und durchdrungen. Ohne Frage verlangte der Herrscher, dass Steuern mit Geld beglichen werden. Doch dieses Geld wurde vom Staat gleich wieder ausgegeben und hat so weiterhin das Aufblühen der Wirtschaft des Landes gestützt.

Zu wenig Geld bremst hingegen das Wirtschaftsleben. Einige der frühen Geldwirtschaften kamen zum Erliegen und der bereits geschaffene Wohlstand schwand dahin, einfach weil das Münzgeld zu knapp wurde. Ein Grund für das Verschwinden der Münzen in der Antike war, dass viele Münzen von Priestern vereinnahmt, als Tempelschatz gehortet, und so der Wirtschaft entzogen wurden. Eben ganz anders als Steuern, die der Landesherr gleich wieder ausgab. Ähnliches kann geschehen, wenn das Geld an Gold gekoppelt wird, und aufgrund nicht ausreichender Goldvorräte die Schaffung neuen Geldes und die Einspeisung in den Wirtschaftskreislauf nicht mit der wirtschaftlichen Entwicklung Schritt halten können. Dann wird Wachstum durch mangelhafte Geldversorgung abgewürgt. Eine Rezession tritt ein, vielleicht sogar eine Depression. Der Goldstandard war eine der Ursachen für die Weltwirtschaftskrise 1929.

Ähnlich zerstört ein Zuviel an Geld die Wirtschaft. Bei einer zu reichlichen Geldversorgung der Wirtschaft kommt es im Regelfall zu Preissteigerungen (Inflation). Die Kaufkraft sinkt, und das Vertrauen in das Geld schwindet. Durch die Preiserhöhungen werden die Märkte intransparent und verlieren an Effizienz. Der Kaiser von China musste die Ausgabe von Papiergeld 1402 wieder einstellen, weil aufgrund zu großer Geldmenge die Inflation zunahm und in der Folge das Papiergeld nicht mehr als Zahlungsmittel angenommen wurde. Auch später kam es immer wieder zu Zeiten hoher Inflation. Die gravierendsten Inflationsperioden durchlitten in Europa Deutschland 1923, Ungarn 1946 und das frühere Jugoslawien 1994 mit einer Hyperinflation (monatliche Geldentwertung von 50 %).

Die Hyperinflation in Deutschland 1923 wurde beendet, als die Papiermark durch die Rentenmark als neue Währung ersetzt wurde. Die Relation: 1 Billion Papiermark = 1 Rentenmark. Das war indes nicht die einzige *Währungsreform* in Deutschland. Mehrfach kam es in verschiedenen Ländern zu Verwerfungen bei den Währungen mit tiefen Rezessionen, unter denen alle litten. Währungsreformen mussten vorgenommen werden, und stets verloren Private und der Mittelstand Ersparnisse und Geldvermögen. Noch dazu wurden viele Arbeitsplätze zerstört.

Nach Ende des Zweiten Weltkriegs wurden im Bretton-Woods-System die meisten Währungen an den Dollar gekoppelt. Für die 1948 in Westdeutschland eingeführte Mark waren zunächst 4,20 DM und später 4,00 DM als gleichwertig zu einem Dollar festgesetzt. Doch das Bretton-Woods-System zerbrach 1972, und die Länder der damaligen Europäischen Wirtschaftsgemeinschaft hatten eine Kopplung nationaler Währungen untereinander eingeführt, die *Währungsschlange*. Sie wurde vom Euro abgelöst, der seit 1999/2002 als Recheneinheit und gesetzliches Zahlungsmittel dient.

Die öffentliche Aufgabe, das Geldwesen zu gestalten, haben die Staaten ihren *Zentralbanken* übertragen. Die Zentralbanken sind aus den Finanzabteilungen der Staaten entstanden. Sie entscheiden über die Ausgabe von Geld, den Erhalt des Geldwesens, und sie führen das Budget des Staates. Für den Währungsraum der Eurozone ist die *Europäische Zentralbank* mit Sitz in Frankfurt am Main (EZB) eingerichtet, für den US-Dollar ist es die *Federal Revereve* (Fed) mit Sitz in Washington, und für den Yen die *Bank of Japan* (BoJ) mit Sitz in Tokio. Aus historischen Gründen bezeichnen sich einige Zentralbanken als *Monetary Authority*, so etwa in Singapur oder in Hong Kong, haben aber dieselben Aufgaben und es stehen ihnen ähnliche Instrumente zur Verfügung.

Die Gesetze moderner Staaten geben den Zentralbanken einen großen Freiraum bei der Wahl der Instrumente, um die vom Staat vorgegebenen Ziele zu erreichen. Die Gouverneure der Zentralbanken vieler Länder sind weitgehend unabhängig von der Regierung. Insofern ist eine Zentralbank mächtiger als ein Finanz- oder Wirtschaftsministerium, und vielleicht sogar mächtiger als eine Regierung.

Bei der Aufgabe, für die Schaffung von Geld zu sorgen und dabei die Geldmenge zu kontrollieren, gilt überall der Grundsatz: Zu wenig Geld bremst die wirtschaftliche Entwicklung und kann sogar zu einer Rezession führen. Zuviel an Geld gefährdet die Stabilität der Kaufkraft durch Inflation, reduziert das Vertrauen in das Geld und könnte so das Geldwesen erschüttern. Doch in der Feinabstimmung dieses Grundsatzes sind Varianten zu beobachten. Sie erklären sich aus den historischen Erfahrungen, die eine Nation gemacht hat.

- In den USA sehen viele die Gefahr, dass sich ein tiefer Einbruch der Realwirtschaft wie in der Weltwirtschaftskrise 1929 wiederholen könnte. Sie möchten, dass die Geldpolitik so reichlich ist, dass es nicht zu einer Rezession oder sogar zu einer Depression kommt. Es soll so viel Geld da sein, dass die Wirtschaft „rund" laufen kann und genügend Jobs angeboten werden.
- In Deutschland besteht die Angst, dass sich eine gespenstische Inflation wie die Hyperinflation 1923 wiederholen könnte. Bekanntlich nährt Inflation die weitere Inflation. Deshalb sollte die Geldversorgung so knapp sein, dass Inflation erst gar nicht beginnt (Preisstabilität).

- In der Eurozone hat Mario Draghi (*1947) als Gouverneur der EZB auf Grundlage der Maastricht-Verträge auch das Ziel verfolgt, die Preisstabilität zu sichern. Aber vor allem wollte er die Existenz und den Fortbestand des Euros als Währung sichern.
- In Frankreich war über viele Jahre vor Einführung des Euros zu beobachten, dass die Geldpolitik die Sozialpolitik der Regierungen unterstützt hat.

▶ Auf den Punkt gebracht: 1) US-Amerikaner möchten, dass so viel Geld da ist, dass die Wirtschaft wie geschmiert läuft – Rezession vermeiden, hohe Auslastung der Produktionskapazität erreichen: Geld ist das Öl, das die Wirtschaft am Laufen hält. 2) Viele Deutsche ebenso wie Schweizer wünschen sich eine Geldpolitik, bei der die Stabilität der Kaufkraft hinreichend erhalten bleibt: Geld soll eine Konserve für Werte sein. 3) Franzosen, und Ähnliches gilt für andere Länder, wünschen sich so viel Geld, dass die Regierung den sozialen Frieden aufrecht erhalten kann: Geld dient dazu, mit sozialen Geschenken den Frieden zu erhalten.

4.3   Transmission

Wie leicht oder schwer es ist, Geld aufzunehmen, drückt sich in den Zinssätzen aus.

▶ **Wichtig** Die Zentralbanken möchten daher mit ihren Instrumenten Einfluss auf die Zinsen nehmen.

- Wie sich der Einsatz der Instrumente auf die Zinsen überträgt, wird als *Transmission* bezeichnet. Hier besteht eine konventionelle Sicht und eine unkonventionelle Sicht.
- Wie sich die Zinsen auf das Wirtschaftsleben (Konsum, Investitionen) auswirken, versuchen *makroökonomische Modelle* zu beantworten.

Die Sicht der Transmission folgt der Perspektive, die hinsichtlich des Zusammenhangs zwischen der Geldpolitik und den Geld- und Kapitalmärkten entwickelt wurde. Das makroökonomische Modell postuliert den Zusammenhang zwischen den Geld- und Kapitalmärkten einerseits sowie der Beschäftigung, der Kapazitätsauslastung und den Niveaus der Preise und Löhne in der Realwirtschaft andererseits.

Nach der *konventionellen Sicht der Transmission* bestimmt die Zentralbank den Zinssatz für kurzfristige Ausleihungen, den sie als Leitzins deklariert. In sogenannten *Zinsschritten* wird dieser *Leitzins* erhöht beziehungsweise gesenkt. Daraufhin bilden die Mitspieler der Finanzmärkte – das sind vor allem institutionelle Anleger (wie Lebensversicherungsgesellschaften) und Unternehmen als Kreditnehmer – ihre Erwartungen hinsichtlich der langfristigen Zinssätze für eine etwa zehnjährige Zinsbindungsfrist. Dazu bilden die am Kapitalmarkt teilnehmenden Parteien ihre jeweiligen Erwartungen über die Inflation, das weitere Wirtschaftswachstum, die Konjunktur und über die staatliche Kapitalaufnahme und Verschuldung. Diese Informationen verdichten sich durch das Geschehen im Kapitalmarkt, das weitgehend von der Privatwirtschaft gestaltet wird. Der langfristige Zinssatz entsteht also durch einen Markt, an dem sich Lebensversicherungen, Unternehmen und zahlreiche Andere beteiligen.

Die Zentralbank hält sich bei der konventionellen Sicht der Transmission sehr zurück, was die Kommunikation betrifft. Lediglich die Schritte bei der Veränderung des Leitzinses werden bekannt gegeben. Insbesondere kommuniziert die Zentralbank keine Wirtschaftsprognosen. Denn die Erwartungen hinsichtlich Inflation, Wirtschaftswachstum, Konjunktur und der staatlichen Kapitalaufnahme und Verschuldung werden von den einzelnen Teilnehmern am Kapitalmarkt selbst erstellt und bestimmen das Marktgeschehen. Da wirkt die Zentralbank nicht hinein. Die Zentralbank ist auch deshalb vorsichtig mit Ankündigungen, da diese von einzelnen Marktteilnehmern (zulasten anderer) ausgenützt werden könnten (vgl. Abb. 4.1).

Bei der *unkonventionellen Sicht der Transformation* erkennt die Zentralbank den großen Einfluss, den sie auf den langfristigen Zinssatz direkt ausüben könnte. Dieser Einfluss wird durch zwei Instrumente ausgeübt.

Eines ist die Kommunikation. In zahlreichen Vorträgen zeichnen die Gouverneure deutlich, wie sich ihrer Prognose nach die Wirtschaft entwickeln wird, und sie deuten an, wie sie bei noch unsicheren Ereignissen reagieren würden. Damit nehmen sie den Teilnehmern am Kapitalmarkt die Bildung eigener Erwartungen ab. Denn wer wollte aufgrund eines eigenen Szenarios entscheiden, das von dem der Zentralbank abweicht?

Das zweite Instrument ist die direkte Intervention im Kapitalmarkt. Die Zentralbanken schaffen nach Diskretion Geld und kaufen damit Anleihen im Kapitalmarkt. Dadurch erhalten die Verkäufer der Anleihen – das sind zu erheblichem Teil Banken – Geld, und tendenziell werden die Langfristzinsen gesenkt. Das hilft zunächst den Banken, sich zu sanieren und wieder aktionsfähig zu werden. Anschließend wird die Wirtschaft belebt.

	Konventionelle Sicht	Unkonventionelle Sicht
Zinsen am kurzen Ende	Direkte und autonome Festsetzung durch Zentralbank	Die Zentralbank setzt sie so, dass die Erwartungen der Marktteilnehmer erfüllt werden, um Destabilisierung zu vermeiden
Zinsen am langen Ende	Folge der von Investoren am Kapitalmarkt gebildeten Erwartungen hinsichtlich Inflation	Direkte Beeinflussung durch Käufe von An
Kommunikation	Lediglich Mitteilungen der Zinsschritte	Umfassende ökonomische Ankündigungen wirken auf Langfristzins

Abb. 4.1 Die Unterschiede zwischen der konventionellen und der unkonventionellen Sicht der Transformation. (Quelle: eigene Darstellung)

Was den Kurzfristsatz betrifft, so stellen die Zentralbanken ihn bei der unkonventionellen Sicht so ein, dass es den allgemeinen Erwartungen entspricht.

Bei der unkonventionellen Sicht werden die Wirtschaftsteilnehmer am Kapitalmarkt quasi entmachtet. Dieser Sachverhalt führt zu heftiger Kritik: Nicht der Markt führe zu den Konditionen für Finanzgeschäfte, sondern der Staat gebe diese Konditionen vor. Noch deutlicher ist die Kritik, nach der ein Staat seine Macht gebündelt (und weitgehend der demokratischen Einflussnahme entzogen) der Zentralbank überträgt. Diese entscheidet nach eigener Vorstellung über den Kapitalmarktzins, steuert die wirtschaftliche Entwicklung, und sie setzt so den Markt außer Kraft.

Eine Zentralbank kann ihre Politik eher an einer konventionellen oder an einer unkonventionellen Sicht darüber, wie die Transmission funktioniert, ausrichten. Etwa seit zehn Jahren orientieren sich die großen Zentralbanken FED, EZB, BoJ an der unkonventionellen Sicht, während sie bis zur Finanzkrise 2007 klar die konventionelle Sicht der Transformation umsetzten. Wie es scheint, wird in den USA neuerdings wieder die konventionelle Sicht betont.

4.4 Austerität oder Zusatzausgaben?

Die Transmission – wie die Instrumente der Zentralbank auf die kurz- und langfristigen Zinssätze wirken – ist der erste von zwei Schritten. Der zweite ist die Wirkung der Zinssätze auf die Realwirtschaft, also auf Beschäftigung, Konsum und Investitionen. Hierzu dienen *makroökonomische Modelle*. Sie beschreiben die Reaktion der Privathaushalte und der Unternehmen auf Zinsänderungen. Auslöser für die Bildung makroökonomischer Vorstellungen war die Weltwirtschaftskrise 1929.

Die Frage lautet, wie sich der Staat in Zeiten konjunktureller Schwäche verhalten solle.

- J. M. Keynes empfahl temporäre Maßnahmen: Steuersenkungen, Erleichterung der Kreditvergaben an Private, Erweiterung im Leistungsbereich des Staates. Bei konjunktureller Schwäche helfen eine lockere, expansive Geldversorgung und eine Finanzierung der staatlichen Zusatzausgaben durch Staatsverschuldung (Deficit Spending). Die Maßnahmen im Geldwesen werden als *Geldpolitik,* die staatlichen Maßnahmen bei Einnahmen und Ausgaben als *Fiskalpolitik* bezeichnet.

- Bei der Fiskalpolitik (Steuerreduktion, Erhöhung staatlicher Ausgaben) sollte nach Keynes versucht werden, mit kleinen Veränderungen eine größere Belebung der Wirtschaft zu erreichen und dies hinreichend schnell. Deshalb werden Bereiche und Sektoren gesucht, die einen hohen *Multiplikator* und einen hohen *Akzelerator* aufweisen. Hoher Multiplikator: Bauwirtschaft. Hoher Akzelerator: Einstellungen von Personal in der öffentlichen Verwaltung, Steuersenkungen für Konsumausgaben der breiten Masse von Steuerpflichtigen.

- M. Friedman und die Monetaristen empfehlen hingegen, der Staat solle bei konjunktureller Schwäche oder Überhitzung auf Steuern und Gegensteuern der Wirtschaft verzichten. Stattdessen sollten effiziente Rahmenbedingungen gesetzt und diese verlässlich eingehalten werden. Dazu gehören Geldmengenziele: Die Geldmenge wird genau in Relation zum Wirtschaftswachstum ausgeweitet. Bei konjunktureller Schwäche sind die „schnell entschiedenen" Staatsausgaben oftmals vergeudetes Geld. Gleiches gilt für die Einstellung neuer Verwaltungsbeamte. Investitionspläne, die jahrelang nur „in der Schublade liegen", sind nach Friedman kaum rentabel.

- Die Monetaristen argumentieren zudem, dass durch eine Politik des Deficit Spending die *langfristige Wachstumsrate* nicht erhöht werden kann. Keynes gibt dies zu, meint jedoch, die Konjunkturprogramme hätten kurzfristige Wirkung und „auf lange Sicht seien wir alle tot".

Allerdings wurde inzwischen die Politik starker Wirtschaftslenkung und die Politik des Steuerns und Gegensteuerns entzaubert. Die wichtigsten Gründe: Die Märkte sind nicht so starr wie Keynes annimmt. Investitionen wirken nur langfristig und verlangen ein stabiles Umfeld für Unternehmen. Bei staatlichen Maßnahmen wird schnell durchschaut, wenn sie nach einer Anfangswirkung zurückgenommen werden müssen. Sie sind dann von Anfang an wirkungslos. Von einer *Liquiditätsfalle* wird gesprochen, wenn die Wirtschaftssubjekte stark negative Erwartungen hinsichtlich der wirtschaftlichen Zukunft haben und sogar einen Rückgang der Preise für Vermögensobjekte erwarten. Dann wird eigens zur Verfügung gestelltes Geld von den Privaten nicht investiert, weil die Investitionen nur an Wert verlieren würden. Im Rahmen einer expansiven Geldpolitik zusätzlich geschaffenes Geld verleitet die Wirtschaftssubjekte dann zur Spekulation. Die Monetaristen betonen: Stabil gehaltene Rahmenbedingungen erlauben es auch einer geschwächten Privatwirtschaft, ökonomisch wieder aufzustehen, selbst wenn dies langsam geschieht.

Vier praktische Antworten

- Island, Portugal, Spanien, Deutschland: *Austerität.* Durch zu hohe Staatsverschuldung und die Eventual-Verpflichtung, Banken retten zu müssen, ist das Vertrauen in die Nachhaltigkeit des Finanzsystems geschwunden. Der Staat soll sparen und Strukturreformen einleiten. Das Problem: Gesundschrumpfung verlangt Zeit und führt zu sozialen Spannungen.
- Einige südliche Länder: *Deficit Spending:* Nach ihrem Befund verlangt die Krise kreditfinanzierte Mehrausgaben des Staates. Der Staat sollte die Wirtschaft beleben, und das gebe den Menschen wieder Vertrauen.
- USA und Euroländer: *Quantitative Easing:* Der Staat kauft Staatsanleihen und bewirkt eine Senkung des langfristigen Zinssatzes. Die Banken werden dabei saniert. Eigentlich sollten in der Folge die Banken leichter Kredite vergeben. Damit könnten die Privaten wieder investieren und die Wirtschaft würde sich beleben. Das Problem: Private spekulieren und es bilden sich Preisblasen (Immobilien, Aktien).
- Japan: *Schuldenübernahme in Bilanzrezession.* Nach geplatzter Preisblase sind die Privaten (Banken, Unternehmen, Privathaushalte) stark verschuldet. Das erklärt ihre Zurückhaltung bei Ausgaben. Die Bilanzen sind „nicht in Ordnung" und hemmen jede weitere Wirtschaftstätigkeit. Die Privaten geben neues Geld nicht aus, sondern verringern über viele Jahre hinweg nur ihre eigenen Schulden. Das Rezept: Der Staat übernimmt die privaten Schulden, damit sich die Privaten wieder wirtschaftlich bewegen können.

4.5 Makroökonomische Modellierungen

Die Perspektiven darüber, wie die makroökonomischen Zusammenhänge (zwischen Zinsen einerseits und Beschäftigung, Auslastung, Löhnen, Preisen andererseits) modelliert werden müssen, haben sich nach Keynes und Friedman weiterentwickelt und aufgefächert. Nach dem Tod von Keynes haben seine Theorie die *Postkeynesianer* (Michael Kalecki 1908–1986, Joan Robinson 1903–1983, Hyman P. Minsky 1919–1996) weitergepflegt.

Andere Ökonomen, darunter Samuelson, Modigliani und John R. Hicks (1904–1989) haben eine *Neoklassische Synthese* entwickelt: Kurzfristig (zwei oder drei Jahre) besteht durchaus die Rigidität bei Preisen und Löhnen, von der Keynes und (weniger im Licht stehend) Kalecki sprachen, doch langfristig sind Preise und Löhne veränderlich, so wie Friedman postulierte. Kurzfristig sind nur Finanzmärkte beweglich. Langfristig, gemeint sind fünf bis zehn Jahre, trifft hingegen die neoklassische Sicht zu, nach der Güter- und Arbeitsmärkte ihre Gleichgewichte erreichen. Rudiger Dornbusch (1942–2002) hat mit der kurzfristigen Beweglichkeit der Devisen- und Finanzmärkte im Gegensatz zur kurzfristigen „Klebrigkeit" der Preise und Löhne sogar das *Überschießen* der Devisenkurse erklärt.

Die Neoklassische Synthese wurde dann noch weiter entwickelt. Heute sind die Wirkungszusammenhänge stärker mikrofundiert. Die Marktteilnehmenden handeln rational, doch es bestehen temporäre Starrheiten hinsichtlich der nominalen Preise. Diese Marktunvollkommenheiten sind nicht nur postuliert, sie können tiefer erklärt werden. Aufgrund der Unvollkommenheiten können kurzfristige Über- und Unterangebote in den Güter- und Arbeitsmärkten eintreten. Die Geldpolitik wirkt und sie kann die temporären Ungleichgewichte verringern oder beseitigen. Diese makroökonomische Perspektive heißt *Neukeynesianismus/Neue Neoklassische Synthese.*

Etwa zeitgleich wurde der Monetarismus Friedmans durch die *These rationaler Erwartungen* (Robert Lucas, *1937) prononciert zur *Neuen Klassischen Makroökonomie* entwickelt. Danach bilden die Personen (Unternehmen, Konsumenten) in der Realwirtschaft Erwartungen aufgrund bester ökonomischer Prognosen. Sie nutzen alle Informationen effizient und handeln augenblicklich. Insbesondere verändern sich sofort die Preise und Löhne. Marktunvollkommenheiten sind demnach unrealistisch. In der Realwirtschaft setzen sich (genau wie in der Finanzwirtschaft) Informationen sofort und korrekt um. Geldpolitik wirkt daher nur, wenn sie *überrascht*. Eine überraschende Geldpolitik könnte aber destabilisieren. Ansonsten sind Geld- und Fiskalpolitik unwirksam und daher abzulehnen.

Übersicht zu makroökonomischen Modellierungen

- John M. Keynes 1) schreibt 1933 offenen, an Präsident Roosevelt gerichteten Brief. 2) Märkte sind rigide und können durchaus nicht im Gleichgewicht sein. 3) So folgen Aufgaben für den Staat (Geld- und Fiskalpolitik, deficit spending). 4) Dabei auf Multiplikator und Akzelerator achten. 5) Achtung bei einer Liquiditäts- oder Investitionsfalle.

- Monetarismus – Milton Friedman: 1) Märkte haben eine gewisse Beweglichkeit und finden durchaus ihr Gleichgewicht. 2) Preise und Löhne passen sich im Markt an neue Umstände an. 3) Deshalb setze der Staat am besten stabile Rahmenbedingungen und baue Bürokratie ab.

- Postkeynesianismus – Michael Kalecki, Joan Robinson, Hyman P. Minsky: 1) Private denken kurzfristig, bilden Stimmungen aufgrund der Vergangenheit, und verhalten sich wie „Lemminge" bei der Kreditnahme, was zum *Minsky-Kollaps* führen kann. 2) der Staat soll im „Boom" bremsen und im „Bust" helfen.

- Neoklassische Synthese – Paul Samuelson, Franco Modigliani, John R. Hicks, Rudiger Dornbusch: 1) Kurzfristig, für 2–3 Jahre, sind Preise/Löhne etwas rigide. 2) Daher sind temporär Ungleichgewichte möglich. 3) Doch langfristig erreichen Güter- und Arbeitsmärkte ihre Gleichgewichte. 4) Ganz kurzfristig ist Überschießen in Finanzmärkten möglich.

- Neue Klassische Makroökonomie – Robert Lucas: 1) Alle Personen bilden Erwartungen nach den besten Methoden: rationale Erwartungen. 2) Darauf handeln sie sofort, weshalb Preise und Löhne nach Schocks sofort in ihre neuen Niveaus erreichen. 3) Aufgrund rationaler Erwartungen und sofortigen Handelns sind die Güter- und Arbeitsmärkte nach kürzester Zeit im neuen Gleichgewicht. 4) Geldpolitik würde durchschaut werden und hat keine Wirkung, es sei denn, sie wäre überraschend.

- Neukeynesianismus/Neue Neoklassische Synthese: 1) Kurzfristige Starrheiten sind erklärbar, etwa durch asymmetrische Information; die Mikrofundierung der Makroökonomie ist möglich. 2) Kurzfristig kann Geldpolitik durchaus wirken.

In der Neuen Klassischen Makroökonomie werden die Arbeits- und Gütermärkte als extrem flink und reaktionsfähig angenommen. In der Neoklassischen Synthese und in der Neuen Neoklassischen Synthese (die eine Mikrofundierung bietet) sind die Arbeits- und Gütermärkte kurzfristig starr, doch sie passen sich mittelfristig an neue Situationen an. Im Keynesianismus und im Postkeynesianismus sind Ungleichgewichte möglich, weil sich die Märkte nur langfristig anpassen. Welche Theorie ist richtig? Das Ringen um die realistischste makroökonomische Modellierung ist nicht leicht, weil die Wirtschaft in den bald einhundert Jahren nach der Weltwirtschaftkrise sich immer wieder gewandelt hat. Es gab Wandel in Technologie, Gesellschaft, Informiertheit durch Medien und in den Finanzmärkten. Und die Störungen, die bewältigt werden mussten, hatten stets eine andere Natur: Stagflation, Asienkrise, Dotcom-Blase, Subprime-Krise, Euro-Krise, Bankenkrisen, Schuldendrama Griechenland.

4.6 Stabilisierung – Entwicklungslinien

Fünf Entwicklungslinien werden erkennbar

- Das keynesianische Steuern und Gegensteuern ebenso wie weitergehende Ideen globaler Wirtschaftslenkung zur Stabilisierung der Entwicklung sind entzaubert. Allerdings zeigen nominale Preise und Löhne temporär eine gewisse Rigidität, und Geldpolitik kann dann über Marktunvollkommenheiten hinweghelfen.
- Wenn in einer Krise Liquidität verschwindet, dann sollte der Staat (oder die Zentralbank) die Liquidität durch den Aufkauf von Vermögenspositionen wieder herstellen. Dabei sollte der Staat anstreben, jenen zu helfen, die illiquide sind, nicht aber jenen, die überschuldet/insolvent sind.
- Untersuchungen des IMF bestätigen allerdings, dass immer wieder private Schulden durch öffentliche Schulden ersetzt werden. Der Staat „springt" ein, um das System nicht zu gefährden. Dieser Ersatz privater durch öffentliche Schulden ist umso intensiver, je höher das Einkommensniveau in der Volkswirtschaft ist (Mbaye et al. 2018).
- Anstatt bei der Aufgabe der Stabilisierung nur an die Konjunktur oder an temporäre Ungleichgewichte zu denken, sollte der Staat Stabilität auch bei strukturellen und technologischen Veränderungen anstreben. Strukturelle und technologische Veränderungen verlangen neue Institutionen: Einrichtungen und Gesetze. Sie zu schaffen, gehört zur Stabilitätspolitik des Staates. Leider sind hierbei Regierungen noch langsamer als Großunternehmen.
- Zur Stabilität gehört auch das Gebot zur Nachhaltigkeit hinsichtlich der Umwelt, doch das wird nicht in allen Bereichen ausreichend beachtet.

Konklusion 5

Die Kap. 2, 3 und 4 haben die Entwicklungslinien zu den „Klängen" (Musgrave) von *Allokation, Stabilisierung* und *Distribution* angestimmt. Um dieses *essential* zu schließen, werden noch zwei ergänzende Punkte betrachtet. Der erste Punkt behandelt die Staatsverschuldung. Der zweite bietet Einblick in die Theorie kollektiver Entscheidungen. Anschließend sind die wichtigsten Erkenntnisse und Literaturhinweise zusammengestellt.

5.1 Staatsverschuldung

Immer wieder kommt es vor, dass der Staat zusätzliches Geld benötigt, 1) weil sich die Ausgaben nicht weiter reduzieren lassen, 2) eine drängende Zusatzaufgabe bewältigt werden soll, 3) eine versprechende Großinvestition ansteht, 4) die nationale Sicherheit unaufschiebbare Aktien erfordert, 5) in einer Schwächephase die Wirtschaft belebt werden soll, oder 6) weil private Schuld (etwa in Form von Schulden einer Bank) zur „Rettung" vom Staat übernommen wird.

Wenn weder das Staatsbudget – gemeint ist die jährliche Aufstellung der Ausgaben – gedeckt ist oder wenn der Zusatzhaushalt nicht finanziert ist, dann bleiben drei Möglichkeiten:

- Der Staat könnte zwar die Steuern erhöhen, doch das kann dem Wirtschaftsleben Kaufkraft entziehen, dadurch die weitere Entwicklung hemmen oder sogar zu einer Rezession führen.
- Einige Staaten sind in der vorteilhaften Situation, die Steuereinnahmen durch Erlöse aus dem Export von Rohstoffen ausreichend ergänzen zu können, andere privatisieren Staatseigentum (etwa Unternehmensbeteiligungen) und verkaufen es.
- Doch die meisten Staaten decken ein Defizit durch Kredite.

© Springer Fachmedien Wiesbaden GmbH, ein Teil von Springer Nature 2019
K. Spremann, *Öffentliche Finanzwirtschaft*, essentials,
https://doi.org/10.1007/978-3-658-23861-2_5

Während Kommunen durchaus mit Bankkrediten zurechtkommen, müssen Länder und der Bund ihren direkten Zugang zum Kapitalmarkt nutzen und Staatsanleihen ausgeben. Investmentbanken helfen bei der Emission und zeigen, welche Konditionen im Kapitalmarkt herrschen und akzeptiert werden müssen. Gesetzlich verboten ist, dass sich der Staat das benötigte Geld kraft seines Geldmonopols und ohne Zwischenschalten von Finanzintermediären oder des Finanzmarkts einfach „druckt". Nach den Maastricht-Kriterien ist es auf europäischer Ebene auch verboten, ein Haushaltsdefizit und damit eine Neuverschuldung von mehr als 3 % des BIP zu planen, aber es gibt Ausnahmen, beispielsweise wenn Katastrophen eintreten. Zudem soll der staatliche Schuldenstand nicht mehr als 60 % des BIP betragen. Die deutschen Staatsschulden betragen rund 2,4 Billionen EUR. Die auf das BIP bezogene Schuldenquote ist 74 %. Dabei sind Verpflichtungen und Anwartschaften der Rentenversicherung ausgeklammert.

Ein großer Teil der Schulden ist in Form von Bundesanleihen und von Pfandbriefen aufgenommen worden. Die Deckung von Staatsanleihen und der von Pfandbriefen ist unterschiedlich.

- Staatsanleihen sind durch die Möglichkeit des Staates gedeckt, Steuern erheben zu können (Steuersubstrat). Dabei ist wichtig, welche Flexibilität der Staat beim Budget hat und welche Kürzungen (etwa im Sozialbereich) und welches Ausmaß an Sparpolitik (Austerität) die Bevölkerung mittragen würde.
- Pfandbriefe sind hingegen erstens durch die Möglichkeit des Gläubigers gedeckt, das Pfand (meist eine Immobilie) verkaufen zu können, sowie zweitens durch die stabile rechtliche Ausgestaltung des Pfandbriefsystems und der Sicherheit der Pfandbriefbanken.

Bei der Diskussion, ob die Schulden eines Staates nicht „zu hoch" sind, fallen zunächst die großen Unterschiede bei der Schuldenquote auf. In Griechenland, Italien, Portugal und Belgien liegt sie oberhalb von 100 % des BIP, in Bulgarien, Luxemburg, Kosovo und Estland liegt sie unter 25 % des BIP. Zum Vergleich: USA: Staatsschulden 21 Billionen US$, BIP 18,6 Billionen US$, Schuldenquote 113 %. China: Staatsschulden 20 Billionen US$, BIP 12,3 Billionen US$, Schuldenquote 163 %.

Wann sind Schulden und welche Schulden sind „zu hoch"?
- Eine hohe Schuldenquote bedeutet, dass bei einer Erhöhung der Zinsen der Staatshaushalt höher belastet wird. Der Effekt tritt graduell ein, weil

üblicherweise Staatsanleihen eine Laufzeit von zehn Jahren haben, für die dann trotz Zinserhöhung für einige Zeit noch der alte Zins zu zahlen ist.

- Wichtig ist, in welcher Währung die Schulden aufgenommen sind und ob die Gläubiger Ausländer oder Inländer sind. Denn Inländer könnten im Notfall zu Zugeständnissen verpflichtet werden. Ausländer klagen vor internationalen Gerichten.

- Bei Verschuldung in ausländischer Währung kommt es darauf an, wie leicht sich das Land die ausländische Währung besorgen kann. Das hängt von Export und Import ab.

- Hinsichtlich der Heimverschuldung möchten die Staaten den Anteil derjenigen Gläubiger fördern, die der nationalen Rechtsprechung unterliegen. Dazu geben die Staaten Bonds aus, deren Coupons zwar etwas geringer, doch steuerbefreit sind. Sie werden daher nur von steuerlichen Inländern gehalten (weil im Ausland wohnende Investoren der Kapitalertragssteuer ihres Domizils unterliegen). Im Notfall könnten den im Schuldenland wohnenden Personen Abstriche bei den Gläubigerrechten auferlegt werden. Dazu gehören in den USA die *Municapal Bonds* (Munis) und in Italien die *Buoni del Tresoro*.

5.2 Kollektive Entscheidungen

Wie weit eine Regierung die besprochenen Aufgaben ausführt, hängt in der Demokratie vom Willen der einzelnen Wählerinnen und Wähler ab. Wahlen und das Parteiensystem sollen helfen, divergente Meinungen zu einem gesellschaftlichen Willen zu verdichten.

Abstimmungen und Wahlen gibt es in zahlreichen Varianten. Bekanntlich ist in den USA ein Zweiparteiensystem eingerichtet. Wer dort Parlamentarier werden möchte, muss vorweg für sich entscheiden, zu welcher der beiden Parteien (Demokraten, Republikaner) die persönlichen Ziele am besten passen. Das sieht zunächst grob aus, doch nach einer Wahl in den USA kann die Regierungsarbeit sofort beginnen – Koalitionsverhandlungen erübrigen sich. In Deutschland ist ein Mehrparteiensystem eingerichtet. Man könnte denken, dies erlaube eine feinere Artikulation der Meinung der Wählerinnen und Wähler. Doch falls keine Partei die absolute Mehrheit erringt, muss zunächst eine mehrheitsfähige Koalition gebildet werden. Koalitionsverhandlungen verlaufen gelegentlich in einer von der Wählerschaft als zufällig oder unerwünscht angesehenen Richtung. Jeder kennt aus Vereinen und dem Freundeskreis Abstimmungsverfahren, die plötzlich zu Ergebnissen führen, die niemand wollte, die unlogisch wirken, und die keine moralische Akzeptanz finden.

Kenneth J. Arrow (1921–2017) hat gezeigt, dass sich Abstimmungsverfahren, Wahlen und andere kollektive Entscheidungsverfahren mit formalen Methoden untersuchen lassen.

- Das Verfahren soll dazu führen, dass die n bekannten Möglichkeiten (Alternativen, Kandidaten) in eine ordinale Reihe gebracht werden, welche dann die Präferenz der Wählerschaft insgesamt ausdrückt. Durch das Wahl- oder Abstimmungsverfahren soll bestimmt werden, welche der Alternativen in der Gesellschaft als beste angesehen wird, als zweitbeste, und so fort.
- Für die Abstimmung sind m Personen (Wähler) zugelassen. Jede Person kennt ihre persönliche Reihenfolge hinsichtlich der n Alternativen und reagiert im Wahlverfahren so, wie sie tatsächlich denkt. Niemand taktiert oder täuscht andere. So jedenfalls die Annahmen für die weitere Untersuchung.
- Das Wahlverfahren soll Eigenschaften aufweisen, die der Ethik und der Logik entsprechen.

Arrow hat bewiesen, dass es in Situationen mit drei oder mehr Alternativen oder Kandidaten ($n \geq 3$) kein Wahl- oder Abstimmungsverfahren gibt, welches die Eigenschaften der Ethik und Logik hat *(Arrowsches Unmöglichkeitstheorem)*.

Welche ethischen oder logischen Eigenschaften soll ein Verfahren aufweisen? Vier seien genant: 1) *Transitivität:* Wer A einer Alternative B vorzieht und diese wiederum als besser ansieht als C, der soll auch A vor C reihen. Diese Eigenschaft wird von allen als korrekt angesehen. 2) *Unabhängigkeit von irrelevanten Alternativen:* Wenn jemand die Alternative A einer Alternative B vorzieht und dann erfährt, dass auch die Möglichkeit C besteht, dann soll sich die Präferenz zwischen A und B nicht umkehren. Die Person kann also nach Bekanntwerden der Möglichkeit von C so reihen: A vor B vor C, A vor C vor B, oder C vor A vor B. 3) Eine weitere Forderung ist die, dass es *keinen Diktator* gibt, keine abstimmende Person also, deren persönliche Reihung der n Alternativen als Reihung des Kollektivs übernommen wird. 4) Eine vierte Eigenschaft – die Liste ist exemplarisch und nicht abschließend – ist das *schwache Pareto-Prinzip:* Wenn jede abstimmende Person in ihrer jeweiligen persönlichen Präferenz die Alternative A strikt der Alternative B vorzieht, dann soll auch die durch das Verfahren etablierte gesellschaftliche Reihung A vor B setzen.

Die Probleme, die Wahlverfahren mit sich bringen, soll ein Beispiel illustrieren. Nach dem Marquis de Condorcet (1743–1749) ist ein Verfahren benannt, bei dem die Reihung der Alternativen für das Kollektiv dadurch bestimmt wird, dass für alle *Paare von Alternativen* eine Mehrheitsabstimmung durchgeführt wird

(Condorcet-Methode). Demnach wird gesellschaftlich eine Alternative X einer Alternative Y vorgezogen, falls in einem Vergleich zwischen X und Y die Mehrheit der abstimmenden Personen für X stimmt.

Im Beispiel werden drei Alternativen, A, B und C betrachtet, sowie drei Wähler 1, 2, 3. Wähler 1 reiht die drei Alternativen so: A vor B vor C. Wähler 2: B vor C vor A. Wähler 3: C vor A vor B. Nun werden die Abstimmungen zwischen allen Paaren von Alternativen vorgenommen. Drei solche Abstimmungen sind verlangt. Beim Paar A, B ist die Mehrheit für A vor B. Beim Paar B, C ist die Mehrheit für B vor C. Beim Paar A, C ist die Mehrheit für C vor A. Zusammengeführt heißt dies für das Ranking des Kollektivs: A vor B und B vor C, doch dann wird C besser als A eingestuft. Die soziale Präferenz wäre nicht transitiv und verletzt daher eine Minimalforderung der Logik.

▶ Das Paradox besteht darin, dass die dargestellte Condorcet-Methode nicht zu einer sozialen Reihung der Alternativen führt, welche Grundregeln der Ethik und Logik befolgt. Überdies: Bei drei oder mehr Alternativen gibt es kein Verfahren, das übliche ethische und logische Forderungen erfüllt.

Bei zwei Wahlmöglichkeiten A und B gibt es hingegen durchaus Wahlverfahren, die in ethischer und logischer Weise eine Alternative A oder B als sozial präferiert etablieren. Deshalb werden bei drei und mehr Alternativen oftmals Verfahren angewandt, die mehrere Schritte vorsehen. Zunächst wird die Anzahl der Alternativen reduziert: Die Alternativen mit der geringsten Stimmenzahl werden sukzessiv ausgeschieden. Zuletzt wird eine Stichwahl zwischen den zwei verbleibenden Möglichkeiten vorgenommen. Dieses *Instant-Runoff-Voting* erlaubt es den Wählern, ihre Präferenzen auch für Alternativen zu bekunden, die ohnehin nur einen der hinteren Plätze erhalten. Dennoch ist ihre Stimme nicht verschenkt, weil sie bei den folgenden Abstimmungen und in der Stichwahl wieder mitwirken können.

In die Theorie kollektiver Entscheidungen haben zahlreiche Wissenschaftler theoretische oder empirische Erkenntnisse eingebracht. Vier Richtungen sollen erwähnt werden:

1. Natürlich geht es bei politischen Abstimmungen immer über die Umverteilung. John Rawls (1921–2002) entwirft 1971 eine „Theorie der Gerechtigkeit". In diesem Buch betont er die *Verfahrensgerechtigkeit:* Der Staat muss Rechte und Pflichten aufgrund institutioneller Grundregeln zuweisen und er muss ein Verfahren festlegen, nach dem dann die Güter verteilt werden.

2. Amartya Sen (* 1933) führt 1971 in seinem Buch „Collective Choice and Social Welfare" die Arbeiten von Arrow weiter: Wenn die geforderten Eigenschaften abgeschwächt werden, wenn insbesondere auf die Unabhängigkeit irrelevanter Alternativen verzichtet wird, dann gibt es Abstimmungsverfahren, welche die restlichen Gesetze von Logik und Ethik erfüllen.

3. Bei der Parteibildung wird immer wieder gefragt, ob große Parteien ihr Programm kraftvoller artikulieren als kleine. Hierzu hat Mancur Olson (1932–1998) um 1965 ein Paradoxon aufgezeigt: Je größer eine Gruppe, desto geringer ist ihr Einfluss auf die soziale Präferenz. Denn in großen Gruppen sinkt für die Gruppenmitglieder die Motivation, sich für das Gruppeninteresse zu artikulieren und einzusetzen. Einzelne Mitglieder haben kaum Anreiz, die gemeinsame Sache voranzutragen, weil das mit Mühen und persönlichen Risiken verbunden wäre. Die Gruppenmitglieder werden zu Trittbrettfahrern. Dagegen werden kleine Gruppen von ihren Mitgliedern kraftvoller vorangebracht und haben folglich mehr Einfluss (*Olson-Paradoxon*).

4. Einigung muss immer wieder in einem Team erreicht werden. In der Praxis muss für das Team eine „zusammengefasste" Meinung so bestimmt werden, dass diese die heterogenen Meinungsbilder der Teammitglieder möglichst gut *repräsentiert*. Für diese Aufgabe hat Thomas L. Saaty (1926–2017) eine mathematische Methode eingesetzt: Es bestehen n mögliche Alternativen. Jedes der m Teammitglieder hat hinsichtlich der n Möglichkeiten eine eigene Präferenz und weist den Alternativen Punkte zu. Die m Punkteverteilungen werden in einer Matrix zusammengestellt. Die Matrix wird sodann auf einen Vektor verdichtet. Der Vektor enthält dann die Punkteverteilung, die das Team repräsentiert. Um ihn zu berechnen, werden wie bei der Hauptkomponentenanalyse Eigenwerte (der Kovarianzmatrix) berechnet.

Was Sie aus diesem *essential* mitnehmen können

- Der Staat macht nichts mehr selbst (für alles wurden und werden Zweckgesellschaften eingerichtet), er möchte nur noch mit Transfers dirigieren.
- Er möchte immer „einspringen" und dazu Schulden übernehmen können, um Gefährdungen vom System abzuwenden (und so sich selbst zu retten). Die immer weitere Verschuldung ist *Opium für den Staat.*
- Das Volk hat den an sich demokratischen Staat nicht mehr in der Hand, weil es immense Schuldenberge gibt, bindende supranationale Verpflichtungen, und weil die internationale Arbeitsteilung zwingt, sich nach globalen Standards zu verhalten.
- Allerdings ist der Staat im Sandwich eingeklemmt. Von oben drücken Schuldenberge und internationale Pflichten, unten steht die Wählerschaft mit neuen Forderungen.

© Springer Fachmedien Wiesbaden GmbH, ein Teil von Springer Nature 2019   51
K. Spremann, *Öffentliche Finanzwirtschaft,* essentials,
https://doi.org/10.1007/978-3-658-23861-2

Literatur und Periodika

Hinweise zu periodisch erscheinenden Quellen

- Gute Tageszeitungen, wie etwa die *Frankfurter Allgemeine Zeitung* oder auch die *Neue Zürcher Zeitung* bieten neben aktuellen Nachrichten immer wieder Aufsätze zu Themen über Staat und Politik, Finanzen und Wirtschaft, Steuern und Sozialsysteme.
- *Die Volkswirtschaft* wird monatlich gemeinsam vom Schweizer Staatssekretariat für Wirtschaft SECO und vom Eidgenössischen Departement für Wirtschaft, Bildung und Forschung WBF herausgegeben. Die Autorinnen und Autoren kommen aus Verwaltung, Politik, Wissenschaft und Wirtschaft. Die Themen sind wissenschaftlich geprägt und journalistisch aufgearbeitet.
- Der Verein für Socialpolitik publiziert zwei Zeitschriften, darunter die deutschsprachigen *Perspektiven der Wirtschaftspolitik* (PWP) mit 4 Heften pro Jahr. Auf „untechnische Weise" wird der Beitrag der Wissenschaft zur Lösung wirtschaftspolitischer Probleme aufgezeigt.
- Das *FinanzArchiv* (FA) ist die die älteste Fachzeitschrift im Bereich Öffentliche Finanzen. Sie erscheint viermal im Jahr (Mohr Siebeck Verlag) und wird inzwischen komplett englischsprachig gestaltet.
- *The American Economic Review* (AER) erscheint monatlich, ist als A+ gerankt und wohl das beste der allgemeinen Journale für Wirtschaftswissenschaften.

Alchian, A. A., & Demsetz, H. (1972). Production, information costs, and economic organization. *The American Economic Review, 62*(5), 777–795.

Baffes, J., & Shah, A. (1998). Productivity of public spending, sectorial allocation choices and economic growth. *Economic Development and Cultural Change, 46,* 291–303.

Bierbrauer, F. (2009). Optimal income taxation and public good provision with endogenous interest groups. *Journal of Public Economic Theory, 11*(2), 311–342.

Binswanger, H. C., Bonus, H., & Timmermann, M. (1981). *Wirtschaft und Umwelt. Möglichkeiten einer ökologieverträglichen Wirtschaftspolitik.* Stuttgart: Kohlhammer.

Bjornskov, C., Dreher, A., & Fischer, J. A. V. (2007). The bigger the better? Evidence of the effect of government size on life satisfaction around the world. *Public Choice, 130,* 267–292.

© Springer Fachmedien Wiesbaden GmbH, ein Teil von Springer Nature 2019   53
K. Spremann, *Öffentliche Finanzwirtschaft*, essentials,
https://doi.org/10.1007/978-3-658-23861-2

Blankart, C. B. (2012). *Öffentliche Finanzen in der Demokratie* (6. Aufl.). München: Vahlen.

Breyer, F., & Franz, W. (2004). *Reform der sozialen Sicherung*. Berlin: Springer.

Buchanan, J. M., & Musgrave, R. A. (1999). *Public finance and public choice: Two contrasting visions of the state*. Cambridge: MIT Press.

Felderer, B., & Homburg, S. (2005). *Makroökonomik und neue Makroökonomik* (9. Aufl.). Berlin: Springer.

Gaertner, W. (2008). *Sozialwahltheorie*. In Gosepath, Hinsch, & Rössler (Hrsg.), *Handbuch der Politischen Philosophie und Sozialphilosophie* (Bd. 2, S. 1248–1254). Berlin: Walter Gruyter.

Homburg, S. (2013). *Theorie der Alterssicherung*. Berlin: Springer.

Kurz, H. D. (2017). *Geschichte des ökonomischen Denkens*. München: C. H. Beck.

Mbaye, S., Badia, M. M., & Chae, K. (2018). *Bailing out the people? When private debt becomes public*. IMF Working Paper, Nr. 18/141.

Olson, M. (1968). *Die Logik des kollektiven Handelns. Kollektivgüter und die Theorie der Gruppen. Einheit der Gesellschaftswissenschaften* (Bd. 10). Tübingen: Mohr Siebeck.

Pies, I., & Leschke, M. (Hrsg.). (1997). *Mancur Olsons Logik kollektiven Handelns*. Tübingen: Mohr Siebeck.

Schedler, K. (1993). *Anreizsysteme in der öffentlichen Verwaltung* (S. 366). Bern: Haupt.

Scherf, W. (2009). *Öffentliche Finanzen. Einführung in die Finanzwissenschaft*. WISU-Texte, Lucius & Lucius, UTB, Stuttgart.

Schleicher, H., & Peters, L. (1971). *Staatshaushalt und Strategie – Eine Theorie des öffentlichen Gutes aus neuen methodischen Ansätzen*. Berlin: Duncker & Humblot.

Schularick, M., & Taylor, A. M. (2012). Credit booms gone bust: Monetary policy, leverage cycles and financial crises, 1870–2008. *American Economic Review, 102*(2), 1029–1061.

Smith, A. (2015). *The wealth of nations: A translation into modern english*. Manchester: Industrial Systems Research.

Spahn, P. (2016). *Streit um die Makroökonomie: Theoriegeschichtliche Debatten von Wicksell bis Woodford*. Weimar (Lahn): Metropolis Verlag für Ökonomie, Gesellschaft und Politik.

Spremann, K. (2014). *Wirtschaft und Finanzen* (6. Aufl.). DeGruyter.

Stiglitz, J. E. (2000). *Economics of the public sector* (3. Aufl.). New York: Norton.

Van Suntum, U., & Lerbs, O. (2011). *Theoretische Fundierung und Bewertung alternativer Methoden der Wohlfahrtsmessung*. Studie im Auftrag der KfW Bankengruppe (S. 1–108). Münster: Centrum für Angewandte Wirtschaftsforschung.

Wiesner, H., Leibinger. B., & Müller, R. (2017). *Öffentliche Finanzwirtschaft – Ein Grundriss für die öffentliche Verwaltung in Bund und Ländern* (14. Aufl., S. 328). Heidelberg: R. v. Decker.

Williamson, O. E. (1985). *The economic institutions of capitalism*. London: Collier Macmillan Canada.

Zimmermann, H., Henke, K., & Broer, M. (2017). *Finanzwissenschaft* (12. Aufl.), München: Vahlen.

Printed in the United States
By Bookmasters